THE
BOOK OF
SUDOKU

igloo

igloo

Published in 2008
by Igloo Books Ltd
Cottage Farm,
Sywell,
NN6 0BJ
www.igloo-books.com

10 9 8 7 6 5 4 3 2 1

ISBN: 978 1 84561 808 7

Puzzle compilation, typesetting and design by:
Puzzle Press Ltd, http://www.puzzlepress.co.uk

Printed in China

Contents

How to Solve a Sudoku Puzzle

No knowledge of maths is required to solve a sudoku puzzle: all you need is a logical mind! The standard grid consists of 81 squares, formed into nine rows and nine columns, as well as nine boxes (each of nine squares):

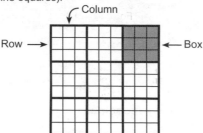

The object is to fill every row, every column and each box with nine different digits, as in this example, where the second row is shown containing nine different numbers, the third column is shown containing nine different numbers, and there are nine different numbers in the centremost box:

	7							
4	5	2	1	8	6	7	9	5
	3							
		1	6	4	5			
		9	2	7	3			
		4	9	1	8			
	6							
	5							
	8							

The skill in solving a sudoku comes from determining where other numbers fit. At the start of each puzzle, a grid is presented in which some numbers are already placed. In this example, the number 1 in the top left box can only be in one place: it can't be in the central row of the box, as there is a 1 already in the second row, nor can it be in the first or second columns of the box, as there are 1s already in the first and second columns:

	4	2	5				8	
5			9	3		1		
					7	5	9	6
2		9		7			5	
	1		8		3		6	
	6			5		7		3
1	2	7	4					
		3		8	6			9
	9				2	4	7	

So the 1 is in the third column and third row of the box:

	4	2	5				8	
5			9	3		1		
		1			7	5	9	6
2		9		7			5	
	1		8		3		6	
	6			5		7		3
1	2	7	4					
		3		8	6			9
	9				2	4	7	

Cross-referencing Techniques

Occasionally, you may reach a point where it seems that no solution is achievable. Try to eliminate certain possibilities for numbers by looking carefully for clues.

In this example, there seems to be no way of knowing where the possibilities for certain numbers lie. For instance, look at the box which is lowest and furthest right. There are numbers in all four corners and the central row has three blank squares, none of which contain a 3 or a 4 (there is already a 3 and a 4 in row 8), so the central box at the top and the central box at the bottom are the locations of the 3 and the 4. This will give you a vital piece of information: there is no other 3 or 4 in rows one to six of the eighth column.

9	7				4			
		7				1		
5	6		8					
					1		9	
8			6					2
	7		3					
					2		5	8
	3				4			
		2					7	6

You will also find it useful to pencil in possibilities, eliminating them as you go, as in this example, where we've shown the positions of the 3 and the 4 in the eighth column, from the puzzle above.

With a 1 and a 9 the only possibilities in the seventh and ninth columns of the eighth row, you could now go on to cross out the potential for 1 or 9 to appear in any other square in the eighth row, thus the number in the eighth column of the eighth row is 2.

Next look at the lowest left box: you should be able to see the only two possible squares in which the 5 and 8 can be placed... and so you would continue to eliminate the alternatives in this way.

9 (128)	7	1256	135	2356	4	2568	35
234 / 248 / 348	7	3459	235 69	236 89	1		359
5 (124)	6	1249	8	239	239	27	379
2346 / 2456 / 345	2458	457	1	368	9		3457
8	1459 / 134 59	459	6	579	13	57	2
1246 / 7 / 1459	3	459	2589	168	568	145
1467 / 1469 / 149	169	2	3679	5	34	8
~~4~~67 / 3 / ~~45~~ 89	~~456~~ 89	~~1~~ 579	4	19	29	19
14 / 145 89 / 2	1589	1359	3589	7	34	6

Like a game of chess, you can't see all the moves ahead and sometimes you will need to pencil in a few alternatives in order to be sure whether a number will fit and not cause problems later – if you go wrong, you can have another try! If you can't solve a particular puzzle, put it to one side and come back to it later. Often a short break away will clear the mind and on returning to a puzzle, you may be surprised that the solution (or, at least, part of it) is clear.

Above all, don't forget that these puzzles are fun: there is no time limit and whilst some puzzles will seem easier than others, your skills will increase as you work through the book. The puzzles begin with a Warm-up section to increase your confidence at solving, but we're sure that by the time you reach the end of the book, you'll be an expert! Have fun...

No 1

5	3	6	8	9	2	4	7	1
4	7	2	5	1	6	3	8	9
1	8	9	4	3	7	6	2	5
9	6	8	2	4	1	5	3	7
3	4	5	7	6	8	6	9	2
7	2	1	3	5	9	8	4	6
6	5	3	9	2	4	7	1	8
2	1	7	6	8	3	9	5	4
8	9	4	1	7	5	2	6	3

No 2

2	8	3	7	5	4	9	6	1
6	1	5	3	9	2	4	7	8
7	9	4	1	6	8	5	2	3
5	3	2	6	8	9	7	1	4
8	4	6	2	1	5	3	9	6
9	6	1	4	3	7	2	8	5
1	5	9	8	2	3	6	4	7
4	2	8	5	7	6	1	3	9
3	7	6	9	4	1	8	5	2

No 3

7	9	5	1	4	3	8	2	6
4	1	6	9	2	8	3	5	7
8	3	2	7	5	6	9	4	1
9	4	7	3	1	2	6	8	5
1	5	8	4	6	7	2	9	3
6	2	3	8	9	5	6	7	4
3	8	9	6	7	4	5	1	2
5	7	1	2	3	9	4	6	8
2	6	4	5	8	1	7	3	9

No 4

2	6	8				7	9	3
		7	8	6		5	2	4
	9		2			8	1	6
	2		4			6	5	1
7			9		3	2	4	8
		5			1	3	7	9
	4				5	9	3	2
		9		4	2	1	6	7
3	7	2				4	8	5

No 5

		5	1	9		7	2	
		2			7		6	3
8					2		9	
7		8		4			5	
3			8		6			4
	6			3		2		1
	1		3					7
9	8		6			5		
	7	4		1	8	6		

No 6

	9			3		5		6
3	2	8	6					
5		1		8	7			4
			1	4			7	
	4	2				1	6	
	7			2	9			
6			8	1		2		9
					5	8	3	7
4		3		9			1	

No 7

		2	6	9				
9						8	4	7
	5	1	8				6	
6			2	8		4		1
		9	4		5	7		
2		5		3	1			8
	6					7	5	3
3	2	7						9
				1	8	2		

No 8

1			8		3			5
	7	8	4	1				6
	4						3	8
			7	4		9	6	
		1	5		9	7		
	9	3		2	8			
2	3						5	
9				6	2	8	4	
6			9		7			1

No 9

	4			6		1		3
	5	8				7		9
			9	5			6	2
		9			7			4
	2	3	8		1	6	7	
5			6			3		
1	7			8	9			
2		4				5	8	
3		6		1			2	

No 10

		2			7	1		
1	7	4				6	2	9
5				1	9			3
		6			5			7
	4		3		2		6	
8			1			9		
7			4	8				6
6	2	3				8	9	4
		5	9			3		

No 11

			1			4	9	8
		7		2	8	3		5
9		6		3			2	
	4		3	5				
5	6						7	2
				6	2		4	
	3			9		7		1
2		1	4	8		6		
8	5	9			7			

No 12

			8		2			6
			5	3	7			8
8	2	7		9				3
	9		4		1	5		
1		4				6		2
		5	9		6		8	
3				6		7	1	5
5			7	4	8			
9			1		3			

No 13

		9		8		4		
4			2		5			1
1	6		3		4		7	8
		7	9	4	2	8		
3	4						2	5
		2	8	5	3	7		
2	5		7		6		8	9
9			4		8			2
		6		2		1		

No 14

3	5	4		7			6	
			4		5		2	
			3	6	9		5	
9			2		7	5		
1	8						4	2
		7	8		1			9
	9		5	1	3			
	7		6		8			
	6			2		8	9	3

No 15

		9		5	6		7	
7			2				6	8
	4	3			9			1
1	7	5		9	8			
	2						3	
			4	1		8	5	7
9			8			4	1	
5	1				3			6
	3		6	4		2		

No 16

3		5			6		1	
	2	7	5	4			6	
		4			8			7
7	5			2		1		
8			6		5			2
		6		8			9	4
5			9			3		
	1			3	4	9	7	
	9		7			6		8

No 17

	4	8			1	9		
6		1		3	9		5	
					8		6	4
		6			2		4	7
5			1		4			8
7	2		5			3		
3	5		2					
	1		8	6		7		9
		7	9			2	1	

No 18

			3			1	8	4
	1	3			8		9	
9				6	5	2		
2		1		7			5	
	5		6		2		4	
	7			1		9		8
		4	9	2				7
	6		7			8	3	
5	9	7			1			

No 19

		9	1		6	8		
	5			9			2	
1		8	2		3	9		7
	1		9	6	8		3	
9		7				4		6
	3		4	7	1		9	
3		1	6		4	5		2
	6			1			8	
		5	7		9	6		

No 20

1		9	4					8
8	4		3	5		9		
			1			2	6	
	8	7			1			5
	3		9		7		2	
6			2			1	8	
	7	5			3			
		2		6	4		5	9
4					9	7		3

No 21

		9				3	5	8
7	4		8				1	
2			1	9				
		1	2	8		7		5
9			5		4			3
4		2		6	7	8		
				7	8			2
	1					3	6	4
3	2	6				9		

No 22

	7					2		3
	8	9		7			6	5
			4	1	5			
9	2	4	3			7		
3			5		4			8
		6			7	1	3	4
			8	5	9			
5	4			3		6	7	
2		3					8	

No 23

					7			9
	5	9	8	3			7	
7					5	1	4	
	2	8	1			3	6	
3				2				5
	6	7			9	4	2	
	9	6	4					8
	3			7	2	9	1	
1			6					

No 24

5					4	8		7
		2		6	1		5	
4	9	7	8					
	4	5		7				3
9			6		2			1
1				3		7	2	
					7	3	1	5
	3		5	2		9		
8		4	3					6

No 25

1		9	5	4				2
7	6	4			3			
	8			7		1		3
				2	9		5	
	2	6				9	3	
	5		8	6				
2		7		8			9	
			1			4	7	5
3				9	4	6		8

No 26

	8		7		1			4
9	7				2		8	
				9	6		5	2
		3		6	7	5		
	2	5				1	7	
		9	2	5		6		
4	5		3	2				
	6		4				9	7
2			6		8		3	

No 27

					8	3	4	2
1	6		4					5
		4	2	9			7	
	2	6		8				4
7			5		9			3
3				4		9	8	
	9			5	3	2		
2					6		1	8
6	8	7	1					

No 28

		4	5	7			2	8
9		5						1
		7	6		4	3		
				8	6		4	7
	3		4		1		6	
4	9		2	5				
		3	9		2	1		
8						2		9
6	2			3	8	7		

No 29

5	2			8			3	4
		1	5		6	2		
9				3				1
1	7		8		5		9	3
		5	9		3	7		
6	3		7		2		5	8
7				5				6
		4	6		7	3		
2	5			9			4	7

No 30

	5	8			4			
	1			6	2	5		9
2					9		8	4
6			1			7	3	
		4	9		8	1		
	8	7			3			5
3	9		2					7
7		2	4	5			9	
			3			6	1	

No 31

4	8		2			9		
9				6	1		7	2
		7	9					
3	6				8		1	5
		2		5		6		
5	4		7				9	3
					3	8		
8	7		5	9				6
		1			4		3	7

No 32

		4	1					7
	7		3		9	8		
	8		2		6	3	5	
	2		7			1		5
	5			2			9	
6		3			8		4	
	9	7	6		2		1	
		6	5		4		7	
8				9		5		

No 33

	9				2		6	
		1		9	5	7		
6	3	5				9	8	2
		2			7		3	
3			1		6			8
	5		9			4		
5	4	8				3	1	6
		3	8	4		2		
	1		5				7	

No 34

3					5		9	6
5	6	1	9					
	2			8	4	3		
4				7		2	6	
1			8		2			4
	3	5		6				7
		7	3	2			1	
					6	4	7	3
9	5		7					8

No 35

	3		4	8				
	6			9		4	5	2
	1				2			
1		3	7		9	6		5
	2	5				8	7	
6		4	2		8	3		9
			6				9	
7	5	6		1			4	
				7	4		3	

No 36

	4		7		3		8	
3				2				7
1		2		5		4		3
9		3	6		2	5		8
	2		5		8		3	
7		8	3		1	2		6
2		1		6		8		4
5				8				9
	9		2		7		1	

No 37

			1	6	4			2
			7		8			5
2	1	7		3				8
	2		6		7	5		
9	3						6	7
		4	5		3		2	
8				5		9	1	4
3			4		9			
4			2	8	1			

No 38

6		8		7		9		2
			4				8	
1	5			9	2			6
		5	3			8	9	1
		4				7		
9	3	2			8	5		
3			5	8			4	7
	2				1			
5		6		4		3		9

No 39

		3	6		1	9		
9				5				4
	8	5	9		7	3	2	
8			7	6	5			1
	1	6				7	9	
5			1	9	4			8
	5	4	2		8	1	6	
3				1				2
		1	5		9	4		

No 40

	5		3					
9				2	8		6	1
8		2		7		5		9
		6			5	8	4	2
		7				3		
1	2	5	4			6		
2		4		3		9		6
7	3		6	5				4
					1		8	

No 41

4			7			1	5	
7				9	5		3	8
		3	6				9	
2		9		6			7	
		8	5		7	6		
	4			8		3		5
	1				2	5		
3	2		9	1				4
	7	6			3			2

No 42

	7			4				3
2			3		6	5		
5		4	2		9	8		
		9	5				3	8
		3		9		4		
1	2				7	6		
		7	9		2	3		1
		5	1		4			7
6				8			5	

No 43

		6	8					
		9		4	1			
		1		2		5	8	4
5	8		4		6		9	2
	7	4				3	5	
6	9		3		7		1	8
3	1	5		6		8		
			1	7		9		
					3	2		

No 44

		5		7			6	8
9	4	8			3			
1	7		9	5			2	
		4	5	6				
5		2				6		1
				1	7	4		
	6			9	4		3	5
			2			1	8	9
3	2			8		7		

No 45

	2					7	9	
		1	9		7	4		
7	6			1	2	5		
9	8		7	3				
1			8		4			6
				2	6		5	8
		8	3	5			2	7
		5	6		8	1		
	9	3					4	

No 46

				8	1	9		
			5			7		
8	5	2		3		1		
3	9		8		7		5	2
	2	4				8	6	
5	1		4		6		9	7
		5		7		2	1	4
		3			4			
		9	1	6				

No 47

	5	3					4	1
		1		6			8	2
			3	9	7			6
4					7		9	
	8	7	3		6	1	2	
	2		8					5
1		8	9	5				
2	6			8		4		
9	7					5	3	

No 48

	3		2			6		4
8			5	6		9		
4	1				8		5	
			6	4		2	7	1
9								8
7	4	1		3	2			
	7		9				2	5
		3		1	5			7
6		8			3		4	

No 49

		2	4			3	1	
		5		1	7		3	6
4		3						7
5	9			7	6			
	6		9		2		1	
			3	8			4	9
2						8		4
7	3		8	5		9		
		1	6			9	5	

No 50

	1	5			8		9	
			5			1	8	2
9				7	6	4		
	3			1		9		8
	6		7		4		2	
4		1		3			6	
		2	9	4				3
6	9	3			1			
	7		3			8	5	

No 51

6		2			7			1
1	7			5	9	2		
					6	4	8	
8					4	6	1	
	9		3		2		4	
	1	3	6					5
	3	5	9					
		4	7	8			5	2
7			2			3		9

No 52

	8		6	2	3		5	
3					9	6		
	6	9			1	7	8	
7					5	3		
	2	5				1	4	
		6	9					2
	1	4	7			8	3	
		2	1					5
	9		5	4	6		1	

No 53

				9	3	2		8
9	7					3	4	
6				8		1	5	
	3		4			6		
2	1		5		7		8	4
		9			8		1	
	8	1		5				2
	6	2					9	7
4		5	3	7				

No 54

	1				2		4	9
		7	9	8				1
3		6	7				5	
				5	3	4	1	8
2								6
1	5	8	4	7				
	7				4	3		5
6				3	9	2		
5	8		6				9	

No 55

5		7	1		6	2		4
	9			4			1	
1			3		8			5
	2		8	1	9		4	
6		1				8		3
	8		6	3	4		2	
9			4		1			8
	7			8			5	
8		3	7		2	4		9

No 56

5	1				9		7	
		8				1	6	9
6				4	3			
		3		1	4	6		5
9			2		5			8
2		4	6	3		7		
			7	8				6
3	2	9				8		
	7		3				5	4

No 57

			3					1
	9	1		7	6	8		
4			2			9	3	
	2	6			9	3	7	
5				6				8
	8	3	1			6	4	
	1	2			5			7
		7	4	8		5	9	
9					7			

No 58

8				4	2		7	
		2	7			1	6	
4	6				3	5		
			3	5		6	9	1
	7						8	
3	1	9		6	4			
		6	5				4	7
	2	3			8	9		
	9		2	1				5

No 59

7				8	5			
		8				6	1	9
2	4				9		5	
4		7	2	3		9		
8			4		1			6
		5		9	7	2		1
	5		6				3	4
6	7	3				8		
			9	2				7

No 60

6				4				2
5		2			1	3		8
7	3		5				6	4
			3	6		9	2	
		1				8		
	9	4		7	8			
1	7				9		8	5
4		5	2			7		9
9				5				6

No 61

2	6	9				3	7	4
3			9					6
	1		7	6			8	
4			1				9	
		2	3		8	4		
	5				6			7
	9			5	2		4	
1					7			8
8	4	3				7	2	5

No 62

7	3					9		6
2	8			5		3		
	5	1		9	4			
4					1		7	
8		3	9		5	1		2
	6		2					8
			4	6		2	3	
		7		2			8	5
9		6					4	1

No 63

2		7	3					
	5		6			4	3	
		4	9	1			5	6
	1				3	8		5
7			4		8			9
5		3	7				2	
1	4			2	6	7		
	9	8			4		6	
					9	1		8

No 64

5				6	4			
7			1					
3				9		1	4	2
	4	3	6		1	9	5	
1	2						6	8
	5	7	9		8	2	3	
2	3	8		7				4
					3			9
			4	8				5

No 65

		1		9			3	4
7	9		2	1			5	
2	6	4			8			
		6	1	3				
1		5				3		7
			7	9		6		
			5			7	4	2
	3			2	6		8	1
8	5			4		9		

No 66

4	5	7		8				3
					5			2
			7	1				6
	4	3	9		8	6	2	
9		1				4		5
	8	6	5		1	7	3	
6				9	7			
8			3					
7				2		3	9	4

No 67

					9			2
	6	5		7				
		1	5	2			7	
4					3			
		7		1		5		
			2					8
	9			3	6	4		
				5		6	1	
3			8					

No 68

			2	6		7		
					9	3		
9	2	1		4		8		
	8							3
	6	5				9	1	
4							2	
		2		3		1	8	5
		4	8					
		7		5	2			

No 69

		1	7	5	4	2		
	6	9	1		2	4	8	
7		8	5		3	6		2
9								5
1		5	2		9	8		4
	9	7	3		1	5	2	
		2	4	7	5	9		

No 70

	9		8		6		2	
		8				1		
	1	5				9	3	
7			3	2	9			6
8			4	7	5			1
	5	2				6	1	
		7				3		
	6		1		4		8	

No 71

		6	5		8	2		
	5			1			7	
3			4		6			8
	4	1				6	9	
7								4
	8	2				7	1	
6			7		2			9
	7			5			6	
		9	3		1	5		

No 72

4				7				6
		2				1		
	5		1		2		4	
7		5	6		9	8		1
			5		7			
6		9	3		1	2		5
	3		2		6		8	
		8				7		
5				9				3

No 73

	8						5	
3	5		7		6		4	9
			3	5	4			
1	9		5		2		3	7
7								4
4	3		9		7		2	1
			1	7	9			
9	1		6		8		7	5
	6						9	

No 74

5				6				4
	8		5		2		9	
		1	8		9	7		
7		2				4		8
	1						2	
9		3				1		6
		5	2		7	8		
	9		6		4		1	
8				9				3

No 75

		4		9		5		
8			2		7			3
	2		1		5		7	
3		9				2		6
	1						3	
4		7				8		1
	3		4		9		2	
7			8		1			5
		6		2		7		

No 76

2	3		1		5			
		5		7				
4	7		2					
1	6		7		9		3	5
		3				4		
9	4		8		3		2	1
					2		1	8
				1		3		
			5		8		4	6

No 77

1	4		2					9
		5	9				2	
9						3	7	
	1		8					
		8				6		
					2		4	
	9	3						5
	6				4	2		
7					5		6	1

No 78

1			8		4			9
		2		9		6		
	6		5		3		7	
	1	4				9	2	
3								1
	8	6				5	3	
	5		9		6		1	
		8		4		7		
9			3		7			6

No 79

1								8
	9		6					
2				7	9			4
				6		8		5
4		6	2		8	1		3
9		1		3				
5			9	2				7
					7		3	
6								2

No 80

7								8
		3	2		7	1		
	9		8		6		7	
3	1		5		8		6	4
8	6		4		9		5	3
	4		1		3		2	
		6	7		5	4		
2								9

No 81

					7		3	
8		1		6	9			
4								
	7				5	3	1	
6				1				2
	1	8	3				4	
								1
			1	2		8		6
	5		9					

No 82

		2	3		9	6		
				2				
	3		5		4		9	
	2	3	7		5	8	6	
1				9				5
	6	8	2		3	7	4	
	1		4		6		8	
				5				
		7	1		2	4		

No 83

8		4		2	6	1		3
							2	
				7	8			
	5			3		9		
		1	2		5	3		
		9		8			1	
			7	5				
	9							
7		3	9	4		6		5

No 84

		2	1		3	5		
				4				
	3		7		5		1	
	8	4	6		7	1	9	
6				2				4
	2	1	8		4	3	6	
	6		5		8		7	
				9				
		8	3		6	9		

No 85

			7		5			
	5	3				7	8	
4	7						3	2
7			9		3			4
			1		2			
9			6		8			5
5	6						7	8
	2	1				4	6	
			4		1			

No 86

			8				2	
5	1	8		9			6	
				5	6		3	
		6						2
	4	1				7	5	
9						8		
	3		6	7				
	8			2		6	1	4
	9				4			

No 87

		9	6		8	3		
	6						7	
2		8		5		6		9
6				4				5
			2		1			
4				7				6
8		4		3		5		7
	2						1	
		3	4		6	2		

No 88

	4	3				8	1	
2	9			6			3	7
		6	8		1	7		
	8						9	
		2	6		9	4		
1	2			7			6	4
	6	9				3	5	

No 89

		5				8		
	4		6		5		1	
2			3		7			5
		4	9	7	6	3		
7								6
		9	8	5	3	4		
3			5		9			8
	9		4		1		7	
		2				1		

No 90

		1				9		
6	3						5	2
		9	2		5	4		
	8			7			1	
		7	6		1	3		
	6			3			9	
		5	4		2	8		
2	4						7	1
		8				6		

No 91

9			1		2			
				5		8	3	
			8			1		
					9	7		2
		4		1		5		
7		1	6					
		8			6			
	1	5		4				
			3		1			6

No 92

3		9	6		3	7		
7				1				5
	1		8		4		2	
3		6				4		7
	2						6	
1		5				2		8
	7		9		6		1	
9				8				4
		2	7		1	3		

No 93

3			7		4			8
		8				1		
	6		9		2		3	
4		7	5		9	3		6
6		5	1		3	7		9
	7		2		8		4	
		2				5		
1			6		5			2

No 94

			5		1	3		6
			9			5		8
				8			7	
6		2	7		5	8		9
	7						6	
3		8	2		4	1		7
	1			4				
4		6			9			
7		9	1		8			

52

No 95

3								5
	7	4		8		6	9	
	5		9		1		8	
		7		9		1		
			5		3			
		1		4		9		
	8		1		6		2	
	1	2		7		5	6	
4								1

No 96

				2		5	8	
6					4			2
						4	3	
					6		7	4
	1			3			2	
7	3		9					
	8	4						
1			5					9
	2	3		1				

No 97

2	8							
		1			4	7		
3	6			1				
			9			8		5
1				6				3
6		5			7			
				3			4	2
		9	8			3		
							8	6

No 98

9				8		3	4	2
1			3	6				
5					4			
	5					9		
4		2				6		7
		3					8	
			9					8
				7	3			1
2	7	9		5				3

No 99

		3	7	8	4	1		
	1	8	6		5	7	3	
6		7	1		3	9		4
1								7
8		9	5		7	2		3
	2	1	3		6	4	9	
		6	4	7	8	3		

No 100

6			4		3			9
		4				2		
	1		8		2		7	
3		7	6		5	1		8
2		5	9		8	7		4
	9		2		6		8	
		6				3		
1			5		4			7

No 101

		9	5					
		3		4	8			
		8		6		1	5	4
9							8	
	7	4				2	1	
	5							6
2	8	1		9		5		
			8	7		3		
					2	6		

No 102

6			4		5			8
	4	3		1		9	2	
7								5
		6		5		7		
			1		8			
		7		2		3		
2								7
	5	4		8		6	9	
1			2		9			3

No 103

	1	8						
6			1					9
	2	4		6				
1		5	9					
		6		8		3		
					7	8		5
				3		6	8	
7					2			3
						4	1	

No 104

1	9			6				
		6	5			7		
4	5							
					8	3		4
6				4				2
3		5	7					
							5	1
		8			9	2		
				2			4	6

No 105

							6	8
				5			4	1
		2			6	5		
					2	6		3
7				8				5
8		3	9					
		7	4			9		
5	8			7				
1	6							

No 106

	1		8		9		4	
4				6				7
		5				1		
2		1	6		8	7		5
			5		7			
7		9	2		4	6		8
		2				9		
8				5				3
	3		9		2		7	

No 107

				7				
2	5		6	8		9		
8	4						7	6
					7	4		5
		4				7		
7		9	5					
1	7						6	2
		3		2	1		9	4
				6				

No 108

3	4						2	1
8								6
	5			9		4		3	
		3	7	1	8	6		
		4	2	6	9	5		
	1			3		5		7	
4								5
7	8						4	2

No 109

	9		8		7		1	
		1				5		
3	7			9			2	4
7				4				8
			5		1			
8				7				2
1	3			2			8	6
		8				4		
	6		3		8		9	

No 110

		6	9		1	8		
	2			3			4	
9			2		7			1
	1	5				6	3	
6								7
	8	7				4	9	
1			3		4			6
	9			1			5	
		2	7		8	9		

No 111

8								
	2	1		6	8	4	9	
				4	1			
	8			7				5
	5		4		3		2	
4				2			8	
			7	1				
	6	7	9	3		2	5	
								3

No 112

			2		8	3	9	
			5		9	7	4	
				7				1
		1	4		6	2	3	
2								4
	3	6	8		7	1		
7				9				
	2	9	7		3			
	6	5	1		2			

No 113

	2	7				5	6	
	4		6		2		1	
1								3
		8		3		2		
	6		9		1		7	
		2		5		9		
2								5
	5		2		9		8	
	8	4				7	9	

No 114

		6	2		3	5		
		8				3		
7	2			4			9	1
6				3				8
			4		5			
8				9				7
2	3			5			1	6
		9				8		
		4	9		1	7		

No 115

	3		4		8		1	
9								3
		7	2		3	6		
4			5	8	2			6
	2						8	
6			9	3	4			5
		8	6		7	5		
7								1
	9		3		5		4	

No 116

4			2		9			
				8		5	6	
			6				2	
					4		7	9
	3			2			8	
7	2		1					
	6				1			
	8	2		3				
			5		2			1

No 117

7					4		3	6
2							1	7
	1			2	3			
					2		9	
	5	2				7	6	
	7		4					
			1	3			8	
3	4							2
5	6		2					9

No 118

7	2				5		3	
6	1						5	
				1	9			4
			5					3
2		5				8		7
8					6			
9			1	5				
	5						8	9
	8		6				7	1

No 119

		6	5		2	1		
7			4		9			2
	2						8	
	6		3	9	5		4	
9								5
	3		8	2	4		6	
	7						1	
4			2		3			8
		3	6		1	9		

No 120

		1	3		4	8		
	8						7	
6			5		2			1
	4	3	2		9	6	1	
	9	6	1		7	2	4	
4			8		5			3
	5						9	
		7	9		6	5		

No 121

	2						9	
	8	9				6	1	
		1	2		3	7		
5			6	7	1			3
2			4	5	8			9
		3	9		4	2		
	7	8				9	3	
	5						6	

No 122

1								9
	9	4		8		3	6	
	5		6		9		4	
		8		2		9		
			7		3			
		9		1		2		
	3		9		2		5	
	8	1		5		6	2	
7								3

No 123

4	7			6	2		3	9
						6		
			8	7				
1				7		9		
9			6		5			3
		5		3				1
			8	5				
		1						
3	8		1	4			5	2

No 124

3								8
		6	2		8	7		
	8		3		5		1	
7	9		4		1		5	3
4	5		9		3		6	7
	2		6		7		4	
		4	8			9	5	
1								2

No 125

		2				8		
7			9		4			1
	8		5		6		7	
	9	5	2			7	3	1
	1	7	3			9	5	6
	4		1		3		2	
6			4		8			5
		3				4		

No 126

7	8		6		2			
6	3		9					
		4		3				
2	4		1		5		7	3
		8				4		
3	9		4		6		8	1
				5		2		
					9		5	8
			2		3		4	9

No 127

8				7	1			
	6				3		2	1
	7						6	8
					7			5
9		7				6		2
6			3					
3	1						7	
2	9		7				5	
			8	1				4

No 128

	1		6					
4						9		
				3		8		5
3			1				6	
1		4		9		3		7
	2				7			8
9		3		4				
		8						2
					5		7	

No 129

		1				5		
	6		8		5		9	
	2	9				3	1	
8			9	6	2			4
1			3	4	7			5
	1	8				6	3	
	5		7		1		8	
		2				4		

No 130

		7		1		9	6	2
		3		2	7			
		5	6					
	6							1
	8	2				4	9	
5							7	
					4	1		
			7	8		3		
4	7	9		5		6		

No 131

			5					1
	9	2		8				
		4		1	2		6	
					1			4
		8		9		7		
5			3					
	7		8	3		9		
				7		8	2	
3					6			

No 132

		8				2		
5			8		7			4
3		4		9		8		7
			7		9			
		7				1		
			4		2			
2		5		4		7		6
9			3		1			5
		1				3		

No 133

9		7						
	3		7				8	
6		5		3				
					4		2	9
3				9				1
2	7		8					
				1		9		3
	4				5		1	
						7		6

No 134

5		6	1			3		
			5	2				9
9		3				2		
7			2					
6	3						2	4
					1			3
		2				5		1
8				5	9			
		7			2	4		6

No 135

		4			9			8
5	2				8		9	
	9					7		3
2					6			
		6				1		
			8					5
9		7					4	
	3		4				2	1
1			5			8		

No 136

	3						9	
5		2				6		1
8			5		1			3
		5		6		7		
1			3		7			2
		4		9		5		
6			7		5			4
4		8				2		7
	5						6	

No 137

	3	7				9	2	
1	8			4			7	6
		1	8		4	3		
	9						8	
		4	2		9	6		
2	1			6			4	3
	4	8				7	5	

No 138

3	4			8				
1				7	3		9	
			6			7		
		6	2					
8				4				5
					7	1		
		2			9			
	5		8	2				4
				5			3	8

No 139

		5	2			8	9	
3								1
	8		4		1		6	
8			9	2	5			4
		6				7		
4			8	6	7			5
	4		7		2		1	
2								9
		3	5			6	2	

No 140

	3		2		6		7	
7				5				8
		4				3		
9		3	5		2	8		4
			4		8			
8		6	9		7	5		2
		9				6		
2				4				1
	1		6		9		8	

No 141

8			1		3			6
		6				4		
	7		9		5		8	
7		2	4		8	1		9
3		1	2		9	8		7
	1		5		6		3	
		5				2		
4			7		2			5

No 142

	7			1				
4		8	5		9			
1		5	6					
6		1	7		5	2		4
	4						7	
7		9	2		3	1		8
					6	4		3
			9		1	6		7
				3			9	

No 143

	6						7	
	9	5	4		8	3	6	
			9	6	3			
	3	8	1		6	2	5	
		9				8		
	1	2	8		5	9	3	
			5	8	2			
	8	6	7		4	5	2	
	5						4	

No 144

7	9			1			2	5
	6	2				4	3	
		7	9		1	6		
	4						9	
		1	3		4	5		
	1	9				2	8	
3	7			5			1	6

No 145

			7					5
	2			9	6		7	
	8						9	
				8		3	2	
	1	8	3		9	4	5	
	6	4		5				
	4						3	
	9		6	7			1	
6					8			

No 146

	4			2				5
9	7				1	6		
		8				1	7	
					2	3		7
6		5	3					
	5	1				7		
		9	6				8	3
3				9			4	

No 147

5			8		6			4
	1		7		5		6	
				2				
4	5		9		8		7	1
		2		3		6		
1	7		2		4		8	9
				8				
	3		5		2		9	
7			3		9			8

No 148

5		3				4		7
2			5		6			3
		9				1		
	5		6	1	7		2	
	3		9	4	8		1	
		5				2		
4			2		3			8
9		8				7		5

No 149

		8	7		4	6		
4			2		6			9
	1			3			7	
	3	1				8	4	
2								1
	5	6				3	2	
	6			7			1	
5			1		8			6
		7	9		3	5		

No 150

	2	8	1	4				
			3					5
	1							
9			6			8		1
	4			1			2	
1		6			5			7
							9	
6					7			
			2	3		1	8	

No 151

5	7						1	2
4		2				5		3
			2		3			
	3		8		4		6	
			9		7			
	1		6		5		2	
			1		9			
8		1				9		7
2	4						3	8

No 152

8	2						3	5
5		6		1		7		4
	6		3		5		4	
3								9
	1		7		9		5	
2		1		5		4		3
7	9						2	6

No 153

		9		7		5	2	1
		5	4	8				
		6			2			
5							4	
8		2				3		7
	6							5
			3			7		
				9	5	4		
1	3	4		6		9		

No 154

	7	8						
9			7					4
	6	2		9				
7		1	4					
		9		8		3		
					5	8		1
				3		9	8	
5					6			3
						2	7	

No 155

			7	4		2		
					3	6		
3	7	9		1		5		
1							7	
	4	8				3	9	
	5							6
		7		6		9	5	8
		1	5					
		2		8	7			

No 156

		2	8					
	1			2	5			3
				1			6	5
			4			7		
5				3				1
		9			2			
6	3			5				
7			6	4			8	
					9	4		

No 157

3	8	1		2		4		
			7	9		1		
					3	5		
7							1	
	2	6				3	9	
	1							5
		2	6					
		7		4	1			
		4		5		7	8	6

No 158

		7				8		
2	1						4	3
	4		8		1		7	
1				7				8
	2		1		9		5	
8				6				4
	9		5		8		3	
7	5						8	2
		6				9		

No 159

2			5					
4		7		3				
			7		9		5	
7	1				5			
3				7				4
			8				6	1
	8		6		7			
				4		9		2
					2			7

No 160

7								9
2			4		7			6
	5	1		8		3	4	
		9		7		6		
			8		2			
		3		5		9		
	1	6		2		4	7	
3			5		1			8
9								5

85

No 161

3			1		9			7
	7		8		5		6	
		9		6		3		
	1	2				8	9	
9								4
	8	4				7	3	
		6		8		9		
	3		2		6		1	
5			3		4			2

No 162

				1		7		
			7		9		5	4
					4		1	2
9	4		5		6		2	3
		2				5		
7	5		3		1		8	9
6	9		4					
8	2		6		7			
		5		9				

No 163

	2			3	6			5
				2			9	6
		3	7					
		4			3			
6				5				2
			8			1		
					4	8		
9	5			6				
1			9	8			7	

No 164

	9	5				3	7	
4			7		3			8
2								4
	6			1			2	
1			2		5			9
	5			9			4	
6								5
7			3		8			6
	8	3				2	1	

No 165

1				6				5
	9		4		1		3	
		7	3		9	2		
2		4				5		9
	7						4	
3		8				7		6
		1	2		4	9		
	3		5		6		7	
9				3				8

No 166

	4			2	7			
	2			5		3	4	1
	8		1					
		7						5
	1	8				6	9	
4						7		
					9		5	
9	7	3		8			2	
			4	6			7	

No 167

	2	1			6	7		
	7				2			
9				5			3	
1	5				9			
		4				1		
			7				2	8
	1			4				7
			3				8	
		5	6			4	9	

No 168

			1			5		
5			7			1		3
		8		4			9	
	2	1			5			
3								6
			9			4	3	
	5			6		3		
6		9			7			4
		2			8			

No 169

		3	6					
9		6	5					3
	8			4		1		
	9	4	8					
2								9
					3	6	7	
		9		2			3	
4					5	8		2
					1	7		

No 170

9		7		8		5		
		5						4
			2				6	
	2		1		8			
		8		9		3		
			3		6		5	
	1				4			
3						9		
		2		3		8		7

No 171

1					9			5
						1	9	
		7			1			6
	6	2	7					8
			2		5			
8					6	9	2	
5			4			6		
	7	1						
3			9					2

No 172

5					4			2
		6			2		5	7
		3	6				1	
							4	3
		2				1		
8	9							
	3				1	5		
6	8		3			2		
7			4					6

No 173

						9		6
8			6			3		
	6		9			2		
1		3		8		5		
			2	1				
	5		3			1		9
	7				9		1	
	2				4			3
6		8						

No 174

	8				9	6		
	5				7		3	
2		1						
6		3			2		4	
			8		3			
	4		6			7		3
						1		7
	1		7				8	
		2	1				6	

No 175

			7			8		5
	2		5				3	4
4		8		9				
9	1					6		
		4					1	8
				6		2		9
3	9				8		4	
2		6			1			

No 176

		9		4		5		
					7			9
3					2	1	7	
					9	8	3	
6								5
	2	8	1					
	9	2	6					4
1			4					
		4		5		6		

No 177

	7	2						8
		3		8	6			
			5					
	5			7		2		
	3		9		4		8	
		4		3			9	
					1			
			6	4		1		
4						7	2	

No 178

2			7		9			
5	4	1						
	7		1	8				
	9		2	6				
		7				3		
				4	5		6	
				2	1		4	
						5	3	2
			4		3			8

No 179

6				4			7	1
		2	6					
	9							8
			2		9	6		
9				8				4
		3	4		5			
1							3	
					7	5		
4	8			9				7

No 180

					8		9	5
	3	7		2		8		
	5			7				
	6				9		4	7
1								8
7	8		2				5	
			4				7	
		6		9		3	2	
2	1		6					

No 181

		3			4			
	6			9			5	2
9							8	
			9		7	1		
	5			8			9	
		6	3		5			
	1							4
8	2			5			1	
			6			7		

No 182

					3			
4							8	
			1	7	5			
	3	5						
	9			6			7	
						2	4	
			8	4	9			
	1							3
			2					

No 183

2		7			6		1	
	5				1			
1				9				6
			7			8		4
	6						9	
4		2			5			
7				1				9
			3				7	
	8		2			3		5

No 184

	4						7	9
						6	5	
6			2		1			
				3		8		
2			6		5			4
		3		8				
			7		3			6
	7	8						
9	5						2	

No 185

							6	
	2			6	9			
	3	7	2					
7				8		4		
		8	3		1	6		
		4		9				5
					8	1	2	
			5	1			3	
	8							

No 186

1	7	4						
		3		7	8			
	9		3		4			
		5		3	1			
4								6
			7	5		2		
			6		2		7	
			8	9		6		
						3	1	8

No 187

6							3	
8	2			7				9
					9	1		
		9	3		1			
7				6				3
			4		7	5		
		4	2					
2				3			6	7
	5							8

No 188

7				6		8		
	2	3			1		9	
		9			3			
			9			3		4
	5						2	
2		6			7			
			8			4		
	6		1			7	5	
		2		5				9

No 189

6					4	3	5		
	2							4	
3	9			5		1	7		
						7	4		3
	7							9	
1			8	9					
		6	4		8			2	5
	8							3	
		9	3	6					8

No 190

	1				2			
	4	6				7		
		5		9				1
7				1				6
			2		8			
3				4				8
1				7		5		
		9				4	6	
			8				2	

No 191

		6		2		7		
1		3			9		8	
	7				1			
8		4			7			
	6						5	
			3			4		9
			2				3	
	2		5			9		7
		5		6		2		

No 192

		2	4				5	
			3			8		
8			6			3		1
	9	3			8			
1								7
			5			4	1	
7		5			6			4
		9			2			
	8			7		1		

101

No 193

5	7		3					
2		4	5			9		
				8			7	2
	6					1		8
7		1					2	
8	9			6				
		2			7	8		4
					1		6	9

No 194

	2			4	3			
1	7	3						
5			8		2			
			1	7			6	
		2				9		
	8			6	5			
			9		7			4
						1	9	5
			3	5			7	

No 195

9		8						3
			1		7	4		
1	5							
				7			5	
		3	4		9	2		
	7			5				
							4	9
		4	3		6			
2						8		1

No 196

		6	4			5		9
1				5			8	
			3					7
6	1				9			
		5				1		
			8				7	2
8					2			
	9			6				3
2		1			4	8		

No 197

1					2			
	9			6		4		
5	3						8	
		5		4		6		
			2		1			
		2		3		7		
	6						5	3
		4		8			9	
			1					4

No 198

1		7			5			
		4		7				
	6	8						
9	7				4		2	
8			5		1			6
	1		8				3	9
						4	8	
				3		9		
			2			1		3

No 199

7	1		3					
2		6	5			9		
				1			7	6
6		3					1	
	9					3		5
9	5			6				
		7			4	2		9
					8		5	4

No 200

	7		6	5				
			1					
							4	
		2				7		1
		5		8		6		
4		9				3		
	6							
					9			
				3	4		2	

No 201

	7				5		3	
9			8			6		
8					3	7	1	
						5	9	
3								6
	4	2						
	8	4	9					3
		9			6			7
	1		5				8	

No 202

	1	6			5	9		
9			8				4	
4			7					
				1	7	2	9	
	3	2	4	8				
					8			2
	7				2			9
		8	5			1	7	

No 203

3							6	
			1					
			7	8	9			
						1		8
9				4				2
6		5						
			3	2	5			
					6			
	8							7

No 204

4	3							7
				7	8		3	
9		8	3		2		1	
					1	8	7	
1								9
	5	2	9					
	6		7			5	3	4
	9		8	6				
5							6	8

No 205

9							7	
			4					
			3	5	2			
						6	9	
	1			8			2	
	5	4						
			7	1	6			
				9				
	3							5

No 206

	2	5	7					4
8			4					
	4			6			7	
	1	2	8					
7								6
					5	9	1	
	5			4			6	
					3			5
9					2	3	8	

No 207

				3		2		7
2	1				6			
	7					5		
	4		1					
9		2		5		3		1
					9		8	
		8					2	
			4				9	5
5		7		2				

No 208

							2	
5		4	8		9			
				3		6		
9								
	3			7			1	
								8
		1		6				
			4		5	1		9
	7							

No 209

		4		1	2	9		
				9			5	8
								7
		1	3					
6				7				9
					4	2		
8								
9	7			6				
		6	5	8		3		

No 210

					3	6		
	2			5	4			3
1						8		
			9					
4								7
					6			
		8						5
2			7	1			4	
		9	8					

No 211

					5	7		9
	1	6		4		8	2	
5								
8					7	6		
			9		3			
		1	2					4
								3
	7	5		9		2	8	
2		4	6					

No 212

	3					9	2	
				3		1	4	
		7	8					
		9			7			
4				2				3
			6			5		
					9	6		
1	2			4				
5	9						8	

No 213

	8			3		7		
9			5			8		
3				8				5
	2		9				1	
			4		5			
	6				7		5	
6				7				1
		9			3			7
		8		9			2	

No 214

5							7	
								8
	8	1	2	5			3	
9		3		4		8		
				9				
		5		1		6		3
	6			3	4	1	5	
7								
	5							2

No 215

							1	
5		4	7		2			
				6		9		
								2
	6			3			8	
7								
		8		9				
			5		4	8		7
	3							

No 216

			4	8				7
	3	5		9				
	1							
2			6					
5	9			1			3	4
					7			8
							2	
				3		1	5	
6				2	8			

113

No 217

		2		9		6		
9				2			3	
		8	6				9	
5					3			6
			7		6			
4			8					1
	8				2	3		
	9			8				4
		5		3		1		

No 218

				2		7	9	
							6	
1			3	6				
5					8			
3	9			7			2	5
			1					4
				4	5			8
	7							
	6	3		9				

No 219

1	6		9					
9		2			3			
8				1				
			6	2		4	9	
		6				5		
	3	9		8	7			
				4				8
			5			3		1
					1		7	2

No 220

	1				9			5
		4	6					
9					5		7	
	5		1				9	
3			2		8			1
	7				6		8	
	3		9					2
				1	4			
6			5				1	

No 221

				7		4		
	1					3		
		5			9			
	8						5	
9				6				7
	3						2	
			3			8		
		6					9	
		4		2				

No 222

		4	3				7	
1		6			5			
				4			1	8
					6	5		
	2			7			4	
		9	3					
7	4			2				
			8			3		4
	1			6		7		

No 223

				6		8		
4						7		
		1	5					
9								1
	2			7			4	
6								5
					4	9		
		5						3
		8		2				

No 224

				4		6		
5						9		
		3			2			
8								3
	1		9				5	
4								2
			5			8		
		2						7
		6		1				

No 225

				9			8	
9						1		
5			2					
6								5
		1		4		7		
3								2
					5			6
		9						3
	4			7				

No 226

			4		6		9	
	7	2						1
				5				
9								
		5		3		6		
								7
				9				
4						2	3	
	8		1		7			

No 227

		7	8					
	4		5	7				
1	5	2						
		5			7		6	
2			1		4			9
	8		3			2		
						4	2	1
				6	9		8	
					5	3		

No 228

9				3				
			8					7
1						5		
		7				6		
	5			1			2	
		8				3		
		4						8
6					5			
				2				9

No 229

6						1		
				6			4	
3					9			
7								9
		1		2		8		
5								3
			3					5
	2			8				
		6						7

No 230

	6	7					2	
	3	1		2				
			8					9
					9			6
		2		7		1		
5			4					
4					6			
				1		3	7	
	8					5	6	

No 231

7		9		3		1	5	
		1						
					5		6	
	5			8				
		3		7		4		
			6				1	
	8		2					
						7		
	1	5		4		3		9

No 232

				3			4	8
								5
		6	9					1
			6			2		
8				4				3
		7			1			
6					7	1		
4								
5	9			8				

Solutions

No 1

5	3	6	8	9	2	4	7	1
4	7	2	5	1	6	3	8	9
1	8	9	4	3	7	6	2	5
9	6	8	2	4	1	5	3	7
3	4	5	7	6	8	1	9	2
7	2	1	3	5	9	8	4	6
6	5	3	9	2	4	7	1	8
2	1	7	6	8	3	9	5	4
8	9	4	1	7	5	2	6	3

No 2

2	8	3	7	5	4	9	6	1
6	1	5	3	9	2	4	7	8
7	9	4	1	6	8	5	2	3
5	3	2	6	8	9	7	1	4
8	4	7	2	1	5	3	9	6
9	6	1	4	3	7	2	8	5
1	5	9	8	2	3	6	4	7
4	2	8	5	7	6	1	3	9
3	7	6	9	4	1	8	5	2

No 3

7	9	5	1	4	3	8	2	6
4	1	6	9	2	8	3	5	7
8	3	2	7	5	6	9	4	1
9	4	7	3	1	2	6	8	5
1	5	8	4	6	7	2	9	3
6	2	3	8	9	5	1	7	4
3	8	9	6	7	4	5	1	2
5	7	1	2	3	9	4	6	8
2	6	4	5	8	1	7	3	9

No 4

2	6	8	5	1	4	7	9	3
1	3	7	8	6	9	5	2	4
5	9	4	2	3	7	8	1	6
9	2	3	4	7	8	6	5	1
7	1	6	9	5	3	2	4	8
4	8	5	6	2	1	3	7	9
6	4	1	7	8	5	9	3	2
8	5	9	3	4	2	1	6	7
3	7	2	1	9	6	4	8	5

No 5

6	4	5	1	9	3	7	2	8
1	9	2	5	8	7	4	6	3
8	3	7	4	6	2	1	9	5
7	2	8	9	4	1	3	5	6
3	5	1	8	2	6	9	7	4
4	6	9	7	3	5	2	8	1
2	1	6	3	5	9	8	4	7
9	8	3	6	7	4	5	1	2
5	7	4	2	1	8	6	3	9

No 6

7	9	4	2	3	1	5	8	6
3	2	8	6	5	4	7	9	1
5	6	1	9	8	7	3	2	4
8	3	5	1	4	6	9	7	2
9	4	2	5	7	8	1	6	3
1	7	6	3	2	9	4	5	8
6	5	7	8	1	3	2	4	9
2	1	9	4	6	5	8	3	7
4	8	3	7	9	2	6	1	5

Solutions

No 7

7	8	2	6	9	4	3	1	5
9	3	6	1	5	2	8	4	7
4	5	1	8	7	3	9	6	2
6	7	3	2	8	9	4	5	1
8	1	9	4	6	5	7	2	3
2	4	5	7	3	1	6	9	8
1	6	8	9	2	7	5	3	4
3	2	7	5	4	6	1	8	9
5	9	4	3	1	8	2	7	6

No 8

1	2	6	8	9	3	4	7	5
3	7	8	4	1	5	2	9	6
5	4	9	2	7	6	1	3	8
8	5	2	7	4	1	9	6	3
4	6	1	5	3	9	7	8	2
7	9	3	6	2	8	5	1	4
2	3	7	1	8	4	6	5	9
9	1	5	3	6	2	8	4	7
6	8	4	9	5	7	3	2	1

No 9

9	4	2	7	6	8	1	5	3
6	5	8	1	2	3	7	4	9
7	3	1	9	5	4	8	6	2
8	6	9	5	3	7	2	1	4
4	2	3	8	9	1	6	7	5
5	1	7	6	4	2	3	9	8
1	7	5	2	8	9	4	3	6
2	9	4	3	7	6	5	8	1
3	8	6	4	1	5	9	2	7

No 10

3	9	2	6	4	7	1	8	5
1	7	4	5	3	8	6	2	9
5	6	8	2	1	9	7	4	3
2	3	6	8	9	5	4	1	7
9	4	1	3	7	2	5	6	8
8	5	7	1	6	4	9	3	2
7	1	9	4	8	3	2	5	6
6	2	3	7	5	1	8	9	4
4	8	5	9	2	6	3	7	1

No 11

3	2	5	1	7	6	4	9	8
4	1	7	9	2	8	3	6	5
9	8	6	5	3	4	1	2	7
7	4	2	3	5	9	8	1	6
5	6	3	8	4	1	9	7	2
1	9	8	7	6	2	5	4	3
6	3	4	2	9	5	7	8	1
2	7	1	4	8	3	6	5	9
8	5	9	6	1	7	2	3	4

No 12

4	5	3	8	1	2	9	7	6
6	1	9	5	3	7	2	4	8
8	2	7	6	9	4	1	5	3
2	9	6	4	8	1	5	3	7
1	8	4	3	7	5	6	9	2
7	3	5	9	2	6	4	8	1
3	4	8	2	6	9	7	1	5
5	6	1	7	4	8	3	2	9
9	7	2	1	5	3	8	6	4

Solutions

No 13

7	2	9	6	8	1	4	5	3
4	8	3	2	7	5	6	9	1
1	6	5	3	9	4	2	7	8
5	1	7	9	4	2	8	3	6
3	4	8	1	6	7	9	2	5
6	9	2	8	5	3	7	1	4
2	5	4	7	1	6	3	8	9
9	7	1	4	3	8	5	6	2
8	3	6	5	2	9	1	4	7

No 14

3	5	4	1	7	2	9	6	8
6	1	9	4	8	5	3	2	7
7	2	8	3	6	9	1	5	4
9	3	6	2	4	7	5	8	1
1	8	5	9	3	6	7	4	2
2	4	7	8	5	1	6	3	9
8	9	2	5	1	3	4	7	6
4	7	3	6	9	8	2	1	5
5	6	1	7	2	4	8	9	3

No 15

2	8	9	1	5	6	3	7	4
7	5	1	2	3	4	9	6	8
6	4	3	7	8	9	5	2	1
1	7	5	3	9	8	6	4	2
4	2	8	5	6	7	1	3	9
3	9	6	4	1	2	8	5	7
9	6	2	8	7	5	4	1	3
5	1	4	9	2	3	7	8	6
8	3	7	6	4	1	2	9	5

No 16

3	8	5	2	7	6	4	1	9
1	2	7	5	4	9	8	6	3
9	6	4	3	1	8	2	5	7
7	5	9	4	2	3	1	8	6
8	4	1	6	9	5	7	3	2
2	3	6	1	8	7	5	9	4
5	7	8	9	6	2	3	4	1
6	1	2	8	3	4	9	7	5
4	9	3	7	5	1	6	2	8

No 17

2	4	8	6	5	1	9	7	3
6	7	1	4	3	9	8	5	2
9	3	5	7	2	8	1	6	4
1	8	6	3	9	2	5	4	7
5	9	3	1	7	4	6	2	8
7	2	4	5	8	6	3	9	1
3	5	9	2	1	7	4	8	6
4	1	2	8	6	5	7	3	9
8	6	7	9	4	3	2	1	5

No 18

6	2	5	3	9	7	1	8	4
7	1	3	2	4	8	6	9	5
9	4	8	1	6	5	2	7	3
2	8	1	4	7	9	3	5	6
3	5	9	6	8	2	7	4	1
4	7	6	5	1	3	9	2	8
8	3	4	9	2	6	5	1	7
1	6	2	7	5	4	8	3	9
5	9	7	8	3	1	4	6	2

Solutions

No 19

2	7	9	1	4	6	8	5	3
6	5	3	8	9	7	1	2	4
1	4	8	2	5	3	9	6	7
4	1	2	9	6	8	7	3	5
9	8	7	3	2	5	4	1	6
5	3	6	4	7	1	2	9	8
3	9	1	6	8	4	5	7	2
7	6	4	5	1	2	3	8	9
8	2	5	7	3	9	6	4	1

No 20

1	2	9	4	7	6	5	3	8
8	4	6	3	5	2	9	7	1
7	5	3	1	9	8	2	6	4
2	8	7	6	4	1	3	9	5
5	3	1	9	8	7	4	2	6
6	9	4	2	3	5	1	8	7
9	7	5	8	1	3	6	4	2
3	1	2	7	6	4	8	5	9
4	6	8	5	2	9	7	1	3

No 21

1	6	9	7	4	2	3	5	8
7	4	5	8	3	6	2	1	9
2	8	3	1	9	5	4	7	6
6	3	1	2	8	9	7	4	5
9	7	8	5	1	4	6	2	3
4	5	2	3	6	7	8	9	1
5	9	4	6	7	8	1	3	2
8	1	7	9	2	3	5	6	4
3	2	6	4	5	1	9	8	7

No 22

4	7	5	6	9	8	2	1	3
1	8	9	2	7	3	4	6	5
6	3	2	4	1	5	8	9	7
9	2	4	3	8	1	7	5	6
3	1	7	5	6	4	9	2	8
8	5	6	9	2	7	1	3	4
7	6	1	8	5	9	3	4	2
5	4	8	1	3	2	6	7	9
2	9	3	7	4	6	5	8	1

No 23

6	1	3	2	4	7	5	8	9
4	5	9	8	3	1	6	7	2
7	8	2	9	6	5	1	4	3
9	2	8	1	5	4	3	6	7
3	4	1	7	2	6	8	9	5
5	6	7	3	8	9	4	2	1
2	9	6	4	1	3	7	5	8
8	3	4	5	7	2	9	1	6
1	7	5	6	9	8	2	3	4

No 24

5	1	6	2	9	4	8	3	7
3	8	2	7	6	1	4	5	9
4	9	7	8	5	3	1	6	2
2	4	5	1	7	8	6	9	3
9	7	3	6	4	2	5	8	1
1	6	8	9	3	5	7	2	4
6	2	9	4	8	7	3	1	5
7	3	1	5	2	6	9	4	8
8	5	4	3	1	9	2	7	6

Solutions

No 25

1	3	9	5	4	8	7	6	2
7	6	4	2	1	3	5	8	9
5	8	2	9	7	6	1	4	3
4	7	1	3	2	9	8	5	6
8	2	6	4	5	1	9	3	7
9	5	3	8	6	7	2	1	4
2	4	7	6	8	5	3	9	1
6	9	8	1	3	2	4	7	5
3	1	5	7	9	4	6	2	8

No 26

5	8	2	7	3	1	9	6	4
9	7	6	5	4	2	3	8	1
1	3	4	8	9	6	7	5	2
8	4	3	1	6	7	5	2	9
6	2	5	9	8	4	1	7	3
7	1	9	2	5	3	6	4	8
4	5	7	3	2	9	8	1	6
3	6	8	4	1	5	2	9	7
2	9	1	6	7	8	4	3	5

No 27

5	7	9	6	1	8	3	4	2
1	6	2	4	3	7	8	9	5
8	3	4	2	9	5	6	7	1
9	2	6	3	8	1	7	5	4
7	4	8	5	6	9	1	2	3
3	1	5	7	4	2	9	8	6
4	9	1	8	5	3	2	6	7
2	5	3	9	7	6	4	1	8
6	8	7	1	2	4	5	3	9

No 28

3	1	4	5	7	9	6	2	8
9	6	5	8	2	3	4	7	1
2	8	7	6	1	4	3	9	5
1	5	2	3	8	6	9	4	7
7	3	8	4	9	1	5	6	2
4	9	6	2	5	7	8	1	3
5	7	3	9	4	2	1	8	6
8	4	1	7	6	5	2	3	9
6	2	9	1	3	8	7	5	4

No 29

5	2	7	1	8	9	6	3	4
3	4	1	5	7	6	2	8	9
9	6	8	2	3	4	5	7	1
1	7	2	8	6	5	4	9	3
4	8	5	9	1	3	7	6	2
6	3	9	7	4	2	1	5	8
7	1	3	4	5	8	9	2	6
8	9	4	6	2	7	3	1	5
2	5	6	3	9	1	8	4	7

No 30

9	5	8	7	3	4	2	6	1
4	1	3	8	6	2	5	7	9
2	7	6	5	1	9	3	8	4
6	2	9	1	4	5	7	3	8
5	3	4	9	7	8	1	2	6
1	8	7	6	2	3	9	4	5
3	9	1	2	8	6	4	5	7
7	6	2	4	5	1	8	9	3
8	4	5	3	9	7	6	1	2

Solutions

No 31

4	8	6	2	3	7	9	5	1
9	3	5	8	6	1	4	7	2
1	2	7	9	4	5	3	6	8
3	6	9	4	2	8	7	1	5
7	1	2	3	5	9	6	8	4
5	4	8	7	1	6	2	9	3
6	5	4	1	7	3	8	2	9
8	7	3	5	9	2	1	4	6
2	9	1	6	8	4	5	3	7

No 32

3	6	4	8	1	5	9	2	7
2	7	5	3	4	9	8	6	1
9	8	1	2	7	6	3	5	4
4	2	9	7	6	3	1	8	5
7	5	8	4	2	1	6	9	3
6	1	3	9	5	8	7	4	2
5	9	7	6	3	2	4	1	8
1	3	6	5	8	4	2	7	9
8	4	2	1	9	7	5	3	6

No 33

4	9	7	3	8	2	1	6	5
8	2	1	6	9	5	7	4	3
6	3	5	7	1	4	9	8	2
9	8	2	4	5	7	6	3	1
3	7	4	1	2	6	5	9	8
1	5	6	9	3	8	4	2	7
5	4	8	2	7	9	3	1	6
7	6	3	8	4	1	2	5	9
2	1	9	5	6	3	8	7	4

No 34

3	8	4	2	1	5	7	9	6
5	6	1	9	3	7	8	4	2
7	2	9	6	8	4	3	5	1
4	9	8	1	7	3	2	6	5
1	7	6	8	5	2	9	3	4
2	3	5	4	6	9	1	8	7
6	4	7	3	2	8	5	1	9
8	1	2	5	9	6	4	7	3
9	5	3	7	4	1	6	2	8

No 35

5	3	2	4	8	7	9	6	1
8	6	7	3	9	1	4	5	2
4	1	9	5	6	2	7	8	3
1	8	3	7	4	9	6	2	5
9	2	5	1	3	6	8	7	4
6	7	4	2	5	8	3	1	9
3	4	8	6	2	5	1	9	7
7	5	6	9	1	3	2	4	8
2	9	1	8	7	4	5	3	6

No 36

6	4	5	7	1	3	9	8	2
3	8	9	4	2	6	1	5	7
1	7	2	8	5	9	4	6	3
9	1	3	6	7	2	5	4	8
4	2	6	5	9	8	7	3	1
7	5	8	3	4	1	2	9	6
2	3	1	9	6	5	8	7	4
5	6	7	1	8	4	3	2	9
8	9	4	2	3	7	6	1	5

Solutions

No 37

5	8	9	1	6	4	3	7	2
6	4	3	7	2	8	1	9	5
2	1	7	9	3	5	6	4	8
1	2	8	6	4	7	5	3	9
9	3	5	8	1	2	4	6	7
7	6	4	5	9	3	8	2	1
8	7	2	3	5	6	9	1	4
3	5	1	4	7	9	2	8	6
4	9	6	2	8	1	7	5	3

No 38

6	4	8	1	7	5	9	3	2
2	7	9	4	6	3	1	8	5
1	5	3	8	9	2	4	7	6
7	6	5	3	2	4	8	9	1
8	1	4	6	5	9	7	2	3
9	3	2	7	1	8	5	6	4
3	9	1	5	8	6	2	4	7
4	2	7	9	3	1	6	5	8
5	8	6	2	4	7	3	1	9

No 39

2	4	3	6	8	1	9	5	7
9	6	7	3	5	2	8	1	4
1	8	5	9	4	7	3	2	6
8	3	9	7	6	5	2	4	1
4	1	6	8	2	3	7	9	5
5	7	2	1	9	4	6	3	8
7	5	4	2	3	8	1	6	9
3	9	8	4	1	6	5	7	2
6	2	1	5	7	9	4	8	3

No 40

6	5	1	3	9	4	2	7	8
9	7	3	5	2	8	4	6	1
8	4	2	1	7	6	5	3	9
3	9	6	7	1	5	8	4	2
4	8	7	9	6	2	3	1	5
1	2	5	4	8	3	6	9	7
2	1	4	8	3	7	9	5	6
7	3	8	6	5	9	1	2	4
5	6	9	2	4	1	7	8	3

No 41

4	9	2	7	3	8	1	5	6
7	6	1	2	9	5	4	3	8
5	8	3	6	4	1	2	9	7
2	5	9	3	6	4	8	7	1
1	3	8	5	2	7	6	4	9
6	4	7	1	8	9	3	2	5
9	1	4	8	7	2	5	6	3
3	2	5	9	1	6	7	8	4
8	7	6	4	5	3	9	1	2

No 42

9	7	6	8	4	5	1	2	3
2	8	1	3	7	6	5	4	9
5	3	4	2	1	9	8	7	6
4	6	9	5	2	1	7	3	8
7	5	3	6	9	8	4	1	2
1	2	8	4	3	7	6	9	5
8	4	7	9	5	2	3	6	1
3	9	5	1	6	4	2	8	7
6	1	2	7	8	3	9	5	4

Solutions

No 43

4	2	6	8	3	5	1	7	9
8	5	9	7	4	1	6	2	3
7	3	1	6	2	9	5	8	4
5	8	3	4	1	6	7	9	2
1	7	4	2	9	8	3	5	6
6	9	2	3	5	7	4	1	8
3	1	5	9	6	2	8	4	7
2	6	8	1	7	4	9	3	5
9	4	7	5	8	3	2	6	1

No 44

2	3	5	4	7	1	9	6	8
9	4	8	6	2	3	5	1	7
1	7	6	9	5	8	3	2	4
7	1	4	5	6	2	8	9	3
5	8	2	3	4	9	6	7	1
6	9	3	8	1	7	4	5	2
8	6	1	7	9	4	2	3	5
4	5	7	2	3	6	1	8	9
3	2	9	1	8	5	7	4	6

No 45

8	2	4	5	6	3	7	9	1
5	3	1	9	8	7	4	6	2
7	6	9	4	1	2	5	8	3
9	8	6	7	3	5	2	1	4
1	5	2	8	9	4	3	7	6
3	4	7	1	2	6	9	5	8
4	1	8	3	5	9	6	2	7
2	7	5	6	4	8	1	3	9
6	9	3	2	7	1	8	4	5

No 46

4	3	7	6	8	1	9	2	5
9	6	1	5	4	2	7	3	8
8	5	2	7	3	9	1	4	6
3	9	6	8	1	7	4	5	2
7	2	4	3	9	5	8	6	1
5	1	8	4	2	6	3	9	7
6	8	5	9	7	3	2	1	4
1	7	3	2	5	4	6	8	9
2	4	9	1	6	8	5	7	3

No 47

6	5	3	2	7	8	9	4	1
7	9	1	4	6	5	3	8	2
8	4	2	1	3	9	7	5	6
4	1	6	5	2	7	8	9	3
5	8	7	3	9	6	1	2	4
3	2	9	8	4	1	6	7	5
1	3	8	9	5	4	2	6	7
2	6	5	7	8	3	4	1	9
9	7	4	6	1	2	5	3	8

No 48

5	3	9	2	7	1	6	8	4
8	2	7	5	6	4	9	1	3
4	1	6	3	9	8	7	5	2
3	8	5	6	4	9	2	7	1
9	6	2	1	5	7	4	3	8
7	4	1	8	3	2	5	9	6
1	7	4	9	8	6	3	2	5
2	9	3	4	1	5	8	6	7
6	5	8	7	2	3	1	4	9

Solutions

No 49

6	7	2	4	9	3	1	5	8
9	8	5	2	1	7	4	3	6
4	1	3	5	6	8	2	9	7
5	9	4	1	7	6	3	8	2
3	6	8	9	4	2	7	1	5
1	2	7	3	8	5	6	4	9
2	5	9	7	3	1	8	6	4
7	3	6	8	5	4	9	2	1
8	4	1	6	2	9	5	7	3

No 50

3	1	5	4	2	8	7	9	6
7	4	6	5	9	3	1	8	2
9	2	8	1	7	6	4	3	5
2	3	7	6	1	5	9	4	8
5	6	9	7	8	4	3	2	1
4	8	1	2	3	9	5	6	7
8	5	2	9	4	7	6	1	3
6	9	3	8	5	1	2	7	4
1	7	4	3	6	2	8	5	9

No 51

6	4	2	8	3	7	5	9	1
1	7	8	4	5	9	2	3	6
3	5	9	1	2	6	4	8	7
8	2	7	5	9	4	6	1	3
5	9	6	3	1	2	7	4	8
4	1	3	6	7	8	9	2	5
2	3	5	9	6	1	8	7	4
9	6	4	7	8	3	1	5	2
7	8	1	2	4	5	3	6	9

No 52

4	8	7	6	2	3	9	5	1
3	5	1	8	7	9	6	2	4
2	6	9	4	5	1	7	8	3
7	4	8	2	1	5	3	6	9
9	2	5	3	6	7	1	4	8
1	3	6	9	8	4	5	7	2
5	1	4	7	9	2	8	3	6
6	7	2	1	3	8	4	9	5
8	9	3	5	4	6	2	1	7

No 53

1	5	4	6	9	3	2	7	8
9	7	8	1	2	5	3	4	6
6	2	3	7	8	4	1	5	9
8	3	7	4	1	9	6	2	5
2	1	6	5	3	7	9	8	4
5	4	9	2	6	8	7	1	3
7	8	1	9	5	6	4	3	2
3	6	2	8	4	1	5	9	7
4	9	5	3	7	2	8	6	1

No 54

8	1	5	3	6	2	7	4	9
4	2	7	9	8	5	6	3	1
3	9	6	7	4	1	8	5	2
7	6	9	2	5	3	4	1	8
2	3	4	1	9	8	5	7	6
1	5	8	4	7	6	9	2	3
9	7	2	8	1	4	3	6	5
6	4	1	5	3	9	2	8	7
5	8	3	6	2	7	1	9	4

Solutions

No 55

5	3	7	1	9	6	2	8	4
2	9	8	5	4	7	3	1	6
1	6	4	3	2	8	9	7	5
3	2	5	8	1	9	6	4	7
6	4	1	2	7	5	8	9	3
7	8	9	6	3	4	5	2	1
9	5	2	4	6	1	7	3	8
4	7	6	9	8	3	1	5	2
8	1	3	7	5	2	4	6	9

No 56

5	1	2	8	6	9	4	7	3
4	3	8	5	2	7	1	6	9
6	9	7	1	4	3	5	8	2
7	8	3	9	1	4	6	2	5
9	6	1	2	7	5	3	4	8
2	5	4	6	3	8	7	9	1
1	4	5	7	8	2	9	3	6
3	2	9	4	5	6	8	1	7
8	7	6	3	9	1	2	5	4

No 57

2	6	8	3	9	4	7	5	1
3	9	1	5	7	6	8	2	4
4	7	5	2	1	8	9	3	6
1	2	6	8	4	9	3	7	5
5	4	9	7	6	3	2	1	8
7	8	3	1	5	2	6	4	9
8	1	2	9	3	5	4	6	7
6	3	7	4	8	1	5	9	2
9	5	4	6	2	7	1	8	3

No 58

8	5	1	6	4	2	3	7	9
9	3	2	7	8	5	1	6	4
4	6	7	1	9	3	5	2	8
2	4	8	3	5	7	6	9	1
6	7	5	9	2	1	4	8	3
3	1	9	8	6	4	7	5	2
1	8	6	5	3	9	2	4	7
5	2	3	4	7	8	9	1	6
7	9	4	2	1	6	8	3	5

No 59

7	9	6	1	8	5	4	2	3
5	3	8	7	4	2	6	1	9
2	4	1	3	6	9	7	5	8
4	1	7	2	3	6	9	8	5
8	2	9	4	5	1	3	7	6
3	6	5	8	9	7	2	4	1
9	5	2	6	7	8	1	3	4
6	7	3	5	1	4	8	9	2
1	8	4	9	2	3	5	6	7

No 60

6	1	8	7	4	3	5	9	2
5	4	2	6	9	1	3	7	8
7	3	9	5	8	2	1	6	4
8	5	7	3	6	4	9	2	1
3	6	1	9	2	5	8	4	7
2	9	4	1	7	8	6	5	3
1	7	6	4	3	9	2	8	5
4	8	5	2	1	6	7	3	9
9	2	3	8	5	7	4	1	6

Solutions

No 61

2	6	9	5	8	1	3	7	4
3	8	7	9	2	4	5	1	6
5	1	4	7	6	3	2	8	9
4	3	8	1	7	5	6	9	2
6	7	2	3	9	8	4	5	1
9	5	1	2	4	6	8	3	7
7	9	6	8	5	2	1	4	3
1	2	5	4	3	7	9	6	8
8	4	3	6	1	9	7	2	5

No 62

7	3	4	8	1	2	9	5	6
2	8	9	7	5	6	3	1	4
6	5	1	3	9	4	8	2	7
4	9	2	6	8	1	5	7	3
8	7	3	9	4	5	1	6	2
1	6	5	2	7	3	4	9	8
5	1	8	4	6	7	2	3	9
3	4	7	1	2	9	6	8	5
9	2	6	5	3	8	7	4	1

No 63

2	6	7	3	4	5	9	8	1
9	5	1	6	8	2	4	3	7
8	3	4	9	1	7	2	5	6
4	1	9	2	6	3	8	7	5
7	2	6	4	5	8	3	1	9
5	8	3	7	9	1	6	2	4
1	4	5	8	2	6	7	9	3
3	9	8	1	7	4	5	6	2
6	7	2	5	3	9	1	4	8

No 64

5	1	2	8	6	4	7	9	3
7	9	4	1	3	2	5	8	6
3	8	6	7	9	5	1	4	2
8	4	3	6	2	1	9	5	7
1	2	9	3	5	7	4	6	8
6	5	7	9	4	8	2	3	1
2	3	8	5	7	9	6	1	4
4	6	5	2	1	3	8	7	9
9	7	1	4	8	6	3	2	5

No 65

5	8	1	6	9	7	2	3	4
7	9	3	2	1	4	8	5	6
2	6	4	3	5	8	1	7	9
9	7	6	1	3	5	4	2	8
1	4	5	8	6	2	3	9	7
3	2	8	4	7	9	6	1	5
6	1	9	5	8	3	7	4	2
4	3	7	9	2	6	5	8	1
8	5	2	7	4	1	9	6	3

No 66

4	5	7	6	8	2	9	1	3
1	6	9	4	3	5	8	7	2
3	2	8	7	1	9	5	4	6
5	4	3	9	7	8	6	2	1
9	7	1	2	6	3	4	8	5
2	8	6	5	4	1	7	3	9
6	3	4	1	9	7	2	5	8
8	9	2	3	5	4	1	6	7
7	1	5	8	2	6	3	9	4

Solutions

No 67

7	4	3	6	8	9	1	5	2
2	6	5	3	7	1	8	9	4
9	8	1	5	2	4	3	7	6
4	5	8	7	9	3	2	6	1
6	2	7	4	1	8	5	3	9
1	3	9	2	6	5	7	4	8
5	9	2	1	3	6	4	8	7
8	7	4	9	5	2	6	1	3
3	1	6	8	4	7	9	2	5

No 68

3	4	8	2	6	5	7	9	1
7	5	6	1	8	9	3	4	2
9	2	1	7	4	3	8	5	6
1	8	9	5	2	4	6	7	3
2	6	5	3	7	8	9	1	4
4	7	3	9	1	6	5	2	8
6	9	2	4	3	7	1	8	5
5	3	4	8	9	1	2	6	7
8	1	7	6	5	2	4	3	9

No 69

3	8	1	7	5	4	2	6	9
5	6	9	1	3	2	4	8	7
2	7	4	6	9	8	1	5	3
7	4	8	5	1	3	6	9	2
9	2	6	8	4	7	3	1	5
1	3	5	2	6	9	8	7	4
8	5	3	9	2	6	7	4	1
4	9	7	3	8	1	5	2	6
6	1	2	4	7	5	9	3	8

No 70

3	9	4	8	1	6	5	2	7
2	7	8	5	9	3	1	6	4
6	1	5	2	4	7	9	3	8
7	4	1	3	2	9	8	5	6
5	2	9	6	8	1	4	7	3
8	3	6	4	7	5	2	9	1
4	5	2	7	3	8	6	1	9
1	8	7	9	6	2	3	4	5
9	6	3	1	5	4	7	8	2

No 71

4	9	6	5	7	8	2	3	1
2	5	8	9	1	3	4	7	6
3	1	7	4	2	6	9	5	8
5	4	1	2	8	7	6	9	3
7	6	3	1	9	5	8	2	4
9	8	2	6	3	4	7	1	5
6	3	5	7	4	2	1	8	9
1	7	4	8	5	9	3	6	2
8	2	9	3	6	1	5	4	7

No 72

4	9	1	8	7	5	3	2	6
3	7	2	9	6	4	1	5	8
8	5	6	1	3	2	9	4	7
7	4	5	6	2	9	8	3	1
2	1	3	5	8	7	4	6	9
6	8	9	3	4	1	2	7	5
9	3	7	2	1	6	5	8	4
1	6	8	4	5	3	7	9	2
5	2	4	7	9	8	6	1	3

Solutions

No 73

6	8	4	2	9	1	7	5	3
3	5	1	7	8	6	2	4	9
2	7	9	3	5	4	6	1	8
1	9	6	5	4	2	8	3	7
7	2	5	8	1	3	9	6	4
4	3	8	9	6	7	5	2	1
5	4	2	1	7	9	3	8	6
9	1	3	6	2	8	4	7	5
8	6	7	4	3	5	1	9	2

No 74

5	7	9	3	6	1	2	8	4
4	8	6	5	7	2	3	9	1
2	3	1	8	4	9	7	6	5
7	5	2	9	1	6	4	3	8
6	1	8	4	5	3	9	2	7
9	4	3	7	2	8	1	5	6
1	6	5	2	3	7	8	4	9
3	9	7	6	8	4	5	1	2
8	2	4	1	9	5	6	7	3

No 75

1	7	4	3	9	6	5	8	2
8	9	5	2	4	7	1	6	3
6	2	3	1	8	5	4	7	9
3	5	9	7	1	8	2	4	6
2	1	8	6	5	4	9	3	7
4	6	7	9	3	2	8	5	1
5	3	1	4	7	9	6	2	8
7	4	2	8	6	1	3	9	5
9	8	6	5	2	3	7	1	4

No 76

2	3	6	1	8	5	9	7	4
8	9	5	3	7	4	1	6	2
4	7	1	2	9	6	5	8	3
1	6	2	7	4	9	8	3	5
5	8	3	6	2	1	4	9	7
9	4	7	8	5	3	6	2	1
3	5	4	9	6	2	7	1	8
6	2	8	4	1	7	3	5	9
7	1	9	5	3	8	2	4	6

No 77

1	4	7	2	6	3	8	5	9
8	3	5	9	4	7	1	2	6
9	2	6	5	1	8	3	7	4
2	1	4	8	5	6	9	3	7
3	5	8	4	7	9	6	1	2
6	7	9	1	3	2	5	4	8
4	9	3	6	2	1	7	8	5
5	6	1	7	8	4	2	9	3
7	8	2	3	9	5	4	6	1

No 78

1	7	3	8	6	4	2	5	9
5	4	2	7	9	1	6	8	3
8	6	9	5	2	3	1	7	4
7	1	4	6	3	5	9	2	8
3	9	5	2	7	8	4	6	1
2	8	6	4	1	9	5	3	7
4	5	7	9	8	6	3	1	2
6	3	8	1	4	2	7	9	5
9	2	1	3	5	7	8	4	6

Solutions

No 79

1	4	7	3	5	2	9	6	8
3	9	5	6	8	4	7	2	1
2	6	8	1	7	9	3	5	4
7	3	2	4	6	1	8	9	5
4	5	6	2	9	8	1	7	3
9	8	1	7	3	5	2	4	6
5	1	3	9	2	6	4	8	7
8	2	4	5	1	7	6	3	9
6	7	9	8	4	3	5	1	2

No 80

7	2	5	9	3	1	6	4	8
6	8	3	2	4	7	1	9	5
1	9	4	8	5	6	3	7	2
3	1	2	5	7	8	9	6	4
4	5	9	3	6	2	8	1	7
8	6	7	4	1	9	2	5	3
5	4	8	1	9	3	7	2	6
9	3	6	7	2	5	4	8	1
2	7	1	6	8	4	5	3	9

No 81

9	6	5	2	4	7	1	3	8
8	3	1	5	6	9	2	7	4
4	2	7	8	3	1	9	6	5
2	7	4	6	8	5	3	1	9
6	9	3	7	1	4	5	8	2
5	1	8	3	9	2	6	4	7
3	8	2	4	5	6	7	9	1
7	4	9	1	2	3	8	5	6
1	5	6	9	7	8	4	2	3

No 82

8	5	2	3	7	9	6	1	4
6	4	9	8	2	1	5	7	3
7	3	1	5	6	4	2	9	8
9	2	3	7	4	5	8	6	1
1	7	4	6	9	8	3	2	5
5	6	8	2	1	3	7	4	9
2	1	5	4	3	6	9	8	7
4	8	6	9	5	7	1	3	2
3	9	7	1	8	2	4	5	6

No 83

8	7	4	5	2	6	1	9	3
5	3	6	4	1	9	8	2	7
9	1	2	3	7	8	4	5	6
2	5	7	1	3	4	9	6	8
6	8	1	2	9	5	3	7	4
3	4	9	6	8	7	5	1	2
1	6	8	7	5	3	2	4	9
4	9	5	8	6	2	7	3	1
7	2	3	9	4	1	6	8	5

No 84

7	9	2	1	6	3	5	4	8
8	1	5	2	4	9	7	3	6
4	3	6	7	8	5	2	1	9
5	8	4	6	3	7	1	9	2
6	7	3	9	2	1	8	5	4
9	2	1	8	5	4	3	6	7
2	6	9	5	1	8	4	7	3
3	5	7	4	9	2	6	8	1
1	4	8	3	7	6	9	2	5

Solutions

No 85

2	8	6	7	3	5	9	4	1
1	5	3	2	9	4	7	8	6
4	7	9	8	1	6	5	3	2
7	1	8	9	5	3	6	2	4
6	3	5	1	4	2	8	9	7
9	4	2	6	7	8	3	1	5
5	6	4	3	2	9	1	7	8
3	2	1	5	8	7	4	6	9
8	9	7	4	6	1	2	5	3

No 86

3	6	7	8	4	1	9	2	5
5	1	8	2	9	3	4	6	7
4	2	9	7	5	6	1	3	8
8	5	6	4	1	7	3	9	2
2	4	1	9	3	8	7	5	6
9	7	3	5	6	2	8	4	1
1	3	4	6	7	5	2	8	9
7	8	5	3	2	9	6	1	4
6	9	2	1	8	4	5	7	3

No 87

7	4	9	6	2	8	3	5	1
1	6	5	3	9	4	8	7	2
2	3	8	1	5	7	6	4	9
6	9	1	8	4	3	7	2	5
3	5	7	2	6	1	9	8	4
4	8	2	5	7	9	1	3	6
8	1	4	9	3	2	5	6	7
9	2	6	7	8	5	4	1	3
5	7	3	4	1	6	2	9	8

No 88

6	4	3	7	2	5	8	1	9
2	9	8	1	6	4	5	3	7
5	1	7	9	8	3	2	4	6
9	5	6	8	4	1	7	2	3
4	8	1	2	3	7	6	9	5
3	7	2	6	5	9	4	8	1
8	3	4	5	9	6	1	7	2
1	2	5	3	7	8	9	6	4
7	6	9	4	1	2	3	5	8

No 89

6	7	5	1	9	2	8	3	4
9	4	3	6	8	5	7	1	2
2	8	1	3	4	7	6	9	5
5	2	4	9	7	6	3	8	1
7	3	8	2	1	4	9	5	6
1	6	9	8	5	3	4	2	7
3	1	7	5	6	9	2	4	8
8	9	6	4	2	1	5	7	3
4	5	2	7	3	8	1	6	9

No 90

5	2	1	3	4	6	9	8	7
6	3	4	7	9	8	1	5	2
8	7	9	2	1	5	4	6	3
4	8	3	5	7	9	2	1	6
9	5	7	6	2	1	3	4	8
1	6	2	8	3	4	7	9	5
7	1	5	4	6	2	8	3	9
2	4	6	9	8	3	5	7	1
3	9	8	1	5	7	6	2	4

Solutions

No 91

9	8	3	1	7	2	6	4	5
1	6	2	9	5	4	8	3	7
5	4	7	8	6	3	1	2	9
8	5	6	4	3	9	7	1	2
2	9	4	7	1	8	5	6	3
7	3	1	6	2	5	9	8	4
3	2	8	5	9	6	4	7	1
6	1	5	2	4	7	3	9	8
4	7	9	3	8	1	2	5	6

No 92

2	8	9	6	5	3	7	4	1
7	6	4	2	1	9	8	3	5
5	1	3	8	7	4	9	2	6
3	9	6	1	2	8	4	5	7
8	2	7	4	9	5	1	6	3
1	4	5	3	6	7	2	9	8
4	7	8	9	3	6	5	1	2
9	3	1	5	8	2	6	7	4
6	5	2	7	4	1	3	8	9

No 93

3	5	9	7	1	4	6	2	8
2	4	8	3	5	6	1	9	7
7	6	1	9	8	2	4	3	5
4	8	7	5	2	9	3	1	6
9	1	3	8	6	7	2	5	4
6	2	5	1	4	3	7	8	9
5	7	6	2	3	8	9	4	1
8	9	2	4	7	1	5	6	3
1	3	4	6	9	5	8	7	2

No 94

8	2	4	5	7	1	3	9	6
1	6	7	9	3	2	5	4	8
9	5	3	4	8	6	2	7	1
6	4	2	7	1	5	8	3	9
5	7	1	8	9	3	4	6	2
3	9	8	2	6	4	1	5	7
2	1	5	6	4	7	9	8	3
4	8	6	3	2	9	7	1	5
7	3	9	1	5	8	6	2	4

No 95

3	9	8	4	6	7	2	1	5
1	7	4	2	8	5	6	9	3
2	5	6	9	3	1	7	8	4
5	4	7	6	9	8	1	3	2
6	2	9	5	1	3	8	4	7
8	3	1	7	4	2	9	5	6
7	8	3	1	5	6	4	2	9
9	1	2	3	7	4	5	6	8
4	6	5	8	2	9	3	7	1

No 96

3	4	9	6	2	1	5	8	7
6	5	8	3	7	4	1	9	2
2	7	1	8	9	5	4	3	6
8	9	2	1	5	6	3	7	4
4	1	6	7	3	8	9	2	5
7	3	5	9	4	2	8	6	1
5	8	4	2	6	9	7	1	3
1	6	7	5	8	3	2	4	9
9	2	3	4	1	7	6	5	8

Solutions

No 97

2	8	4	7	9	3	6	5	1
9	5	1	6	2	4	7	3	8
3	6	7	5	1	8	2	9	4
7	3	2	9	4	1	8	6	5
1	9	8	2	6	5	4	7	3
6	4	5	3	8	7	1	2	9
8	7	6	1	3	9	5	4	2
4	2	9	8	5	6	3	1	7
5	1	3	4	7	2	9	8	6

No 98

9	6	7	1	8	5	3	4	2
1	2	4	3	6	7	8	5	9
5	3	8	2	9	4	7	1	6
6	5	1	7	3	8	9	2	4
4	8	2	5	1	9	6	3	7
7	9	3	4	2	6	1	8	5
3	1	6	9	4	2	5	7	8
8	4	5	6	7	3	2	9	1
2	7	9	8	5	1	4	6	3

No 99

2	6	3	7	8	4	1	5	9
9	7	5	2	3	1	8	4	6
4	1	8	6	9	5	7	3	2
6	5	7	1	2	3	9	8	4
1	3	2	8	4	9	5	6	7
8	4	9	5	6	7	2	1	3
7	2	1	3	5	6	4	9	8
3	8	4	9	1	2	6	7	5
5	9	6	4	7	8	3	2	1

No 100

6	7	2	4	5	3	8	1	9
8	3	4	7	9	1	2	5	6
5	1	9	8	6	2	4	7	3
3	4	7	6	2	5	1	9	8
9	8	1	3	4	7	6	2	5
2	6	5	9	1	8	7	3	4
4	9	3	2	7	6	5	8	1
7	5	6	1	8	9	3	4	2
1	2	8	5	3	4	9	6	7

No 101

4	6	9	5	2	1	8	7	3
5	1	3	7	4	8	9	6	2
7	2	8	9	6	3	1	5	4
9	3	6	2	1	7	4	8	5
8	7	4	6	3	5	2	1	9
1	5	2	4	8	9	7	3	6
2	8	1	3	9	6	5	4	7
6	9	5	8	7	4	3	2	1
3	4	7	1	5	2	6	9	8

No 102

6	9	2	4	3	5	1	7	8
5	4	3	8	1	7	9	2	6
7	8	1	6	9	2	4	3	5
9	2	6	3	5	4	7	8	1
4	3	5	1	7	8	2	6	9
8	1	7	9	2	6	3	5	4
2	6	9	5	4	3	8	1	7
3	5	4	7	8	1	6	9	2
1	7	8	2	6	9	5	4	3

Solutions

No 103

9	1	8	2	7	4	5	3	6
6	3	7	1	5	8	2	4	9
5	2	4	3	6	9	1	7	8
1	8	5	9	2	3	7	6	4
2	7	6	4	8	5	3	9	1
3	4	9	6	1	7	8	2	5
4	9	2	5	3	1	6	8	7
7	6	1	8	4	2	9	5	3
8	5	3	7	9	6	4	1	2

No 104

1	9	3	2	6	7	4	8	5
8	2	6	5	3	4	7	1	9
4	5	7	9	8	1	6	2	3
7	1	2	6	5	8	3	9	4
6	8	9	1	4	3	5	7	2
3	4	5	7	9	2	1	6	8
2	3	4	8	7	6	9	5	1
5	6	8	4	1	9	2	3	7
9	7	1	3	2	5	8	4	6

No 105

3	7	5	1	9	4	2	6	8
6	9	8	2	5	7	3	4	1
4	1	2	8	3	6	5	7	9
9	5	1	7	4	2	6	8	3
7	2	6	3	8	1	4	9	5
8	4	3	9	6	5	7	1	2
2	3	7	4	1	8	9	5	6
5	8	9	6	7	3	1	2	4
1	6	4	5	2	9	8	3	7

No 106

3	1	7	8	2	9	5	4	6
4	2	8	1	6	5	3	9	7
9	6	5	4	7	3	1	8	2
2	4	1	6	9	8	7	3	5
6	8	3	5	1	7	4	2	9
7	5	9	2	3	4	6	1	8
1	7	2	3	8	6	9	5	4
8	9	4	7	5	1	2	6	3
5	3	6	9	4	2	8	7	1

No 107

9	3	6	1	7	4	2	5	8
2	5	7	6	8	3	9	4	1
8	4	1	9	5	2	3	7	6
3	6	8	2	9	7	4	1	5
5	2	4	3	1	6	7	8	9
7	1	9	5	4	8	6	2	3
1	7	5	4	3	9	8	6	2
6	8	3	7	2	1	5	9	4
4	9	2	8	6	5	1	3	7

No 108

3	4	7	5	8	6	9	2	1
8	9	2	1	3	7	4	5	6
6	5	1	9	2	4	7	3	8
5	2	3	7	1	8	6	9	4
9	6	8	4	5	3	2	1	7
1	7	4	2	6	9	5	8	3
2	1	6	3	4	5	8	7	9
4	3	9	8	7	2	1	6	5
7	8	5	6	9	1	3	4	2

Solutions

No 109

2	9	4	8	5	7	6	1	3
6	8	1	2	3	4	5	7	9
3	7	5	1	9	6	8	2	4
7	1	3	6	4	2	9	5	8
9	4	2	5	8	1	3	6	7
8	5	6	9	7	3	1	4	2
1	3	9	4	2	5	7	8	6
5	2	8	7	6	9	4	3	1
4	6	7	3	1	8	2	9	5

No 110

5	7	6	9	4	1	8	2	3
8	2	1	5	3	6	7	4	9
9	4	3	2	8	7	5	6	1
4	1	5	8	7	9	6	3	2
6	3	9	4	2	5	1	8	7
2	8	7	1	6	3	4	9	5
1	5	8	3	9	4	2	7	6
7	9	4	6	1	2	3	5	8
3	6	2	7	5	8	9	1	4

No 111

8	4	6	3	9	7	5	1	2
3	2	1	5	6	8	4	9	7
9	7	5	2	4	1	8	3	6
6	8	2	1	7	9	3	4	5
7	5	9	4	8	3	6	2	1
4	1	3	6	2	5	7	8	9
5	3	8	7	1	2	9	6	4
1	6	7	9	3	4	2	5	8
2	9	4	8	5	6	1	7	3

No 112

5	7	4	2	1	8	3	9	6
3	1	2	5	6	9	7	4	8
6	9	8	3	7	4	5	2	1
9	8	1	4	5	6	2	3	7
2	5	7	9	3	1	6	8	4
4	3	6	8	2	7	1	5	9
7	4	3	6	9	5	8	1	2
1	2	9	7	8	3	4	6	5
8	6	5	1	4	2	9	7	3

No 113

8	2	7	1	4	3	5	6	9
5	4	3	6	9	2	8	1	7
1	9	6	5	8	7	4	2	3
9	1	8	7	3	4	2	5	6
4	6	5	9	2	1	3	7	8
7	3	2	8	5	6	9	4	1
2	7	9	4	6	8	1	3	5
3	5	1	2	7	9	6	8	4
6	8	4	3	1	5	7	9	2

No 114

9	1	6	2	7	3	5	8	4
4	5	8	6	1	9	3	7	2
7	2	3	5	4	8	6	9	1
6	9	1	7	3	2	4	5	8
3	7	2	4	8	5	1	6	9
8	4	5	1	9	6	2	3	7
2	3	7	8	5	4	9	1	6
1	6	9	3	2	7	8	4	5
5	8	4	9	6	1	7	2	3

Solutions

No 115

2	3	5	4	6	8	9	1	7
9	6	4	7	5	1	8	2	3
8	1	7	2	9	3	6	5	4
4	7	9	5	8	2	1	3	6
5	2	3	1	7	6	4	8	9
6	8	1	9	3	4	2	7	5
3	4	8	6	1	7	5	9	2
7	5	2	8	4	9	3	6	1
1	9	6	3	2	5	7	4	8

No 116

4	5	6	2	7	9	3	1	8
2	9	1	4	8	3	5	6	7
8	7	3	6	1	5	9	2	4
6	1	8	3	5	4	2	7	9
9	3	4	7	2	6	1	8	5
7	2	5	1	9	8	6	4	3
5	6	9	8	4	1	7	3	2
1	8	2	9	3	7	4	5	6
3	4	7	5	6	2	8	9	1

No 117

7	9	5	8	1	4	2	3	6
2	3	4	6	5	9	8	1	7
8	1	6	7	2	3	9	4	5
6	8	3	5	7	2	4	9	1
4	5	2	3	9	1	7	6	8
1	7	9	4	8	6	5	2	3
9	2	7	1	3	5	6	8	4
3	4	8	9	6	7	1	5	2
5	6	1	2	4	8	3	7	9

No 118

7	2	9	4	6	5	1	3	8
6	1	4	8	7	3	9	5	2
5	3	8	2	1	9	7	6	4
4	7	1	5	8	2	6	9	3
2	6	5	9	3	1	8	4	7
8	9	3	7	4	6	2	1	5
9	4	7	1	5	8	3	2	6
1	5	6	3	2	7	4	8	9
3	8	2	6	9	4	5	7	1

No 119

3	4	6	5	8	2	1	9	7
7	1	8	4	6	9	3	5	2
5	2	9	1	3	7	4	8	6
2	6	7	3	9	5	8	4	1
9	8	4	7	1	6	2	3	5
1	3	5	8	2	4	7	6	9
6	7	2	9	4	8	5	1	3
4	9	1	2	5	3	6	7	8
8	5	3	6	7	1	9	2	4

No 120

9	2	1	3	7	4	8	6	5
3	8	5	6	9	1	4	7	2
6	7	4	5	8	2	9	3	1
8	4	3	2	5	9	6	1	7
7	1	2	4	6	8	3	5	9
5	9	6	1	3	7	2	4	8
4	6	9	8	1	5	7	2	3
2	5	8	7	4	3	1	9	6
1	3	7	9	2	6	5	8	4

Solutions

No 121

7	2	5	8	1	6	3	9	4
3	8	9	7	4	5	6	1	2
6	4	1	2	9	3	7	8	5
5	9	4	6	7	1	8	2	3
8	1	7	3	2	9	5	4	6
2	3	6	4	5	8	1	7	9
1	6	3	9	8	4	2	5	7
4	7	8	5	6	2	9	3	1
9	5	2	1	3	7	4	6	8

No 122

1	6	3	2	4	5	7	8	9
2	9	4	1	8	7	3	6	5
8	5	7	6	3	9	1	4	2
3	1	8	5	2	6	9	7	4
6	4	2	7	9	3	5	1	8
5	7	9	4	1	8	2	3	6
4	3	6	9	7	2	8	5	1
9	8	1	3	5	4	6	2	7
7	2	5	8	6	1	4	9	3

No 123

4	7	8	5	6	2	1	3	9
2	5	3	4	9	1	6	8	7
6	1	9	3	8	7	5	2	4
1	3	4	2	7	8	9	6	5
9	2	7	6	1	5	8	4	3
8	6	5	9	3	4	2	7	1
7	9	2	8	5	3	4	1	6
5	4	1	7	2	6	3	9	8
3	8	6	1	4	9	7	5	2

No 124

3	4	5	1	7	6	9	2	8
9	1	6	2	4	8	7	3	5
2	8	7	3	9	5	4	1	6
7	9	2	4	6	1	8	5	3
8	6	3	7	5	2	1	9	4
4	5	1	9	8	3	2	6	7
5	2	8	6	1	7	3	4	9
6	3	4	8	2	9	5	7	1
1	7	9	5	3	4	6	8	2

No 125

9	5	2	7	3	1	8	4	6
7	3	6	9	8	4	2	5	1
4	8	1	5	2	6	9	7	3
8	9	5	2	6	7	3	1	4
3	6	4	8	1	5	7	9	2
2	1	7	3	4	9	5	6	8
5	4	8	1	9	3	6	2	7
6	2	9	4	7	8	1	3	5
1	7	3	6	5	2	4	8	9

No 126

7	8	9	6	4	2	1	3	5
6	3	5	9	7	1	8	2	4
1	2	4	5	3	8	6	9	7
2	4	6	1	8	5	9	7	3
5	1	8	3	9	7	4	6	2
3	9	7	4	2	6	5	8	1
9	7	3	8	5	4	2	1	6
4	6	2	7	1	9	3	5	8
8	5	1	2	6	3	7	4	9

Solutions

No 127

8	4	2	6	7	1	5	9	3
5	6	9	4	8	3	7	2	1
1	7	3	2	9	5	4	6	8
4	2	1	9	6	7	3	8	5
9	3	7	1	5	8	6	4	2
6	8	5	3	4	2	9	1	7
3	1	4	5	2	6	8	7	9
2	9	8	7	3	4	1	5	6
7	5	6	8	1	9	2	3	4

No 128

8	1	5	6	2	9	7	3	4
4	3	2	5	7	8	9	1	6
7	9	6	4	3	1	8	2	5
3	8	7	1	5	4	2	6	9
1	6	4	8	9	2	3	5	7
5	2	9	3	6	7	1	4	8
9	7	3	2	4	6	5	8	1
6	5	8	7	1	3	4	9	2
2	4	1	9	8	5	6	7	3

No 129

7	8	1	2	9	3	5	4	6
4	6	3	8	1	5	7	9	2
5	2	9	4	7	6	3	1	8
8	3	5	9	6	2	1	7	4
2	4	7	1	5	8	9	6	3
1	9	6	3	4	7	8	2	5
9	1	8	5	2	4	6	3	7
6	5	4	7	3	1	2	8	9
3	7	2	6	8	9	4	5	1

No 130

8	4	7	5	1	3	9	6	2
6	9	3	8	2	7	5	1	4
2	1	5	6	4	9	7	8	3
9	6	4	2	7	5	8	3	1
7	8	2	1	3	6	4	9	5
5	3	1	4	9	8	2	7	6
3	2	8	9	6	4	1	5	7
1	5	6	7	8	2	3	4	9
4	7	9	3	5	1	6	2	8

No 131

8	3	6	5	4	7	2	9	1
1	9	2	6	8	3	4	7	5
7	5	4	9	1	2	3	6	8
9	2	3	7	6	1	5	8	4
6	1	8	4	9	5	7	3	2
5	4	7	3	2	8	6	1	9
2	7	1	8	3	4	9	5	6
4	6	5	1	7	9	8	2	3
3	8	9	2	5	6	1	4	7

No 132

7	6	8	5	3	4	2	9	1
5	1	9	8	2	7	6	3	4
3	2	4	1	9	6	8	5	7
1	4	2	7	8	9	5	6	3
8	9	7	6	5	3	1	4	2
6	5	3	4	1	2	9	7	8
2	3	5	9	4	8	7	1	6
9	8	6	3	7	1	4	2	5
4	7	1	2	6	5	3	8	9

Solutions

No 133

9	8	7	5	4	6	1	3	2
4	3	1	7	2	9	6	8	5
6	2	5	1	3	8	4	9	7
8	1	6	3	7	4	5	2	9
3	5	4	6	9	2	8	7	1
2	7	9	8	5	1	3	6	4
5	6	8	2	1	7	9	4	3
7	4	3	9	6	5	2	1	8
1	9	2	4	8	3	7	5	6

No 134

5	2	6	1	9	8	3	4	7
1	7	4	5	2	3	8	6	9
9	8	3	7	4	6	2	1	5
7	1	9	2	3	4	6	5	8
6	3	8	9	7	5	1	2	4
2	4	5	6	8	1	9	7	3
4	9	2	3	6	7	5	8	1
8	6	1	4	5	9	7	3	2
3	5	7	8	1	2	4	9	6

No 135

7	6	4	3	5	9	2	1	8
5	2	3	7	1	8	6	9	4
8	9	1	6	2	4	7	5	3
2	8	5	1	4	6	9	3	7
4	7	6	9	3	5	1	8	2
3	1	9	8	7	2	4	6	5
9	5	7	2	8	1	3	4	6
6	3	8	4	9	7	5	2	1
1	4	2	5	6	3	8	7	9

No 136

7	3	1	2	4	6	8	9	5
5	4	2	9	8	3	6	7	1
8	6	9	5	7	1	4	2	3
9	2	5	1	6	4	7	3	8
1	8	6	3	5	7	9	4	2
3	7	4	8	9	2	5	1	6
6	9	3	7	2	5	1	8	4
4	1	8	6	3	9	2	5	7
2	5	7	4	1	8	3	6	9

No 137

4	3	7	5	1	6	9	2	8
1	8	9	3	4	2	5	7	6
5	2	6	7	9	8	1	3	4
7	6	1	8	5	4	3	9	2
3	9	2	6	7	1	4	8	5
8	5	4	2	3	9	6	1	7
9	7	3	4	8	5	2	6	1
2	1	5	9	6	7	8	4	3
6	4	8	1	2	3	7	5	9

No 138

3	4	7	9	8	2	6	5	1
1	6	5	4	7	3	8	9	2
9	2	8	6	1	5	7	4	3
5	1	6	2	3	8	4	7	9
8	7	9	1	4	6	3	2	5
2	3	4	5	9	7	1	8	6
4	8	2	3	6	9	5	1	7
7	5	3	8	2	1	9	6	4
6	9	1	7	5	4	2	3	8

Solutions

No 139

6	1	5	2	7	8	9	4	3
3	2	4	6	5	9	8	7	1
7	8	9	4	3	1	5	6	2
8	7	1	9	2	5	6	3	4
9	5	6	3	1	4	7	2	8
4	3	2	8	6	7	1	9	5
5	4	8	7	9	2	3	1	6
2	6	7	1	8	3	4	5	9
1	9	3	5	4	6	2	8	7

No 140

1	3	8	2	9	6	4	7	5
7	9	2	3	5	4	1	6	8
6	5	4	7	8	1	3	2	9
9	7	3	5	6	2	8	1	4
5	2	1	4	3	8	7	9	6
8	4	6	9	1	7	5	3	2
3	8	9	1	2	5	6	4	7
2	6	7	8	4	3	9	5	1
4	1	5	6	7	9	2	8	3

No 141

8	2	9	1	4	3	7	5	6
5	3	6	8	2	7	4	9	1
1	7	4	9	6	5	3	8	2
7	5	2	4	3	8	1	6	9
9	4	8	6	7	1	5	2	3
3	6	1	2	5	9	8	4	7
2	1	7	5	8	6	9	3	4
6	9	5	3	1	4	2	7	8
4	8	3	7	9	2	6	1	5

No 142

9	7	2	3	1	4	8	5	6
4	6	8	5	7	9	3	2	1
1	3	5	6	8	2	7	4	9
6	8	1	7	9	5	2	3	4
2	4	3	1	6	8	9	7	5
7	5	9	2	4	3	1	6	8
5	9	7	8	2	6	4	1	3
3	2	4	9	5	1	6	8	7
8	1	6	4	3	7	5	9	2

No 143

8	6	3	2	5	1	4	7	9
1	9	5	4	7	8	3	6	2
4	2	7	9	6	3	1	8	5
7	3	8	1	9	6	2	5	4
5	4	9	3	2	7	8	1	6
6	1	2	8	4	5	9	3	7
3	7	4	5	8	2	6	9	1
9	8	6	7	1	4	5	2	3
2	5	1	6	3	9	7	4	8

No 144

7	9	4	6	1	3	8	2	5
1	6	2	8	7	5	4	3	9
8	3	5	2	4	9	7	6	1
2	5	7	9	8	1	6	4	3
6	4	3	5	2	7	1	9	8
9	8	1	3	6	4	5	7	2
4	2	6	1	9	8	3	5	7
5	1	9	7	3	6	2	8	4
3	7	8	4	5	2	9	1	6

Solutions

No 145

9	3	1	7	4	2	8	6	5
4	2	5	8	9	6	1	7	3
7	8	6	5	1	3	2	9	4
5	7	9	4	8	1	3	2	6
2	1	8	3	6	9	4	5	7
3	6	4	2	5	7	9	8	1
1	4	7	9	2	5	6	3	8
8	9	3	6	7	4	5	1	2
6	5	2	1	3	8	7	4	9

No 146

1	4	3	7	2	6	8	9	5
9	7	2	8	5	1	6	3	4
5	6	8	9	4	3	1	7	2
8	9	4	1	6	2	3	5	7
2	3	7	4	8	5	9	1	6
6	1	5	3	7	9	4	2	8
4	5	1	2	3	8	7	6	9
7	2	9	6	1	4	5	8	3
3	8	6	5	9	7	2	4	1

No 147

5	2	7	8	1	6	9	3	4
3	1	4	7	9	5	8	6	2
6	9	8	4	2	3	5	1	7
4	5	3	9	6	8	2	7	1
9	8	2	1	3	7	6	4	5
1	7	6	2	5	4	3	8	9
2	4	9	6	8	1	7	5	3
8	3	1	5	7	2	4	9	6
7	6	5	3	4	9	1	2	8

No 148

5	8	3	1	9	2	4	6	7
2	4	1	5	7	6	9	8	3
6	7	9	8	3	4	1	5	2
8	5	4	6	1	7	3	2	9
1	9	6	3	2	5	8	7	4
7	3	2	9	4	8	5	1	6
3	6	5	7	8	9	2	4	1
4	1	7	2	5	3	6	9	8
9	2	8	4	6	1	7	3	5

No 149

3	9	8	7	1	4	6	5	2
4	7	5	2	8	6	1	3	9
6	1	2	5	3	9	4	7	8
7	3	1	6	9	2	8	4	5
2	8	4	3	5	7	9	6	1
9	5	6	8	4	1	3	2	7
8	6	9	4	7	5	2	1	3
5	4	3	1	2	8	7	9	6
1	2	7	9	6	3	5	8	4

No 150

5	2	8	1	4	6	3	7	9
4	6	9	3	7	8	2	1	5
3	1	7	9	5	2	4	6	8
9	7	2	6	3	4	8	5	1
8	4	5	7	1	9	6	2	3
1	3	6	2	8	5	9	4	7
2	5	3	8	6	1	7	9	4
6	8	1	4	9	7	5	3	2
7	9	4	5	2	3	1	8	6

Solutions

No 151

5	7	3	4	9	8	6	1	2
4	8	2	7	6	1	5	9	3
1	9	6	2	5	3	8	7	4
9	3	5	8	2	4	7	6	1
6	2	4	9	1	7	3	8	5
7	1	8	6	3	5	4	2	9
3	5	7	1	8	9	2	4	6
8	6	1	3	4	2	9	5	7
2	4	9	5	7	6	1	3	8

No 152

8	2	9	4	7	6	1	3	5
1	7	4	5	3	8	9	6	2
5	3	6	9	1	2	7	8	4
9	6	7	3	8	5	2	4	1
3	5	8	1	2	4	6	7	9
4	1	2	7	6	9	3	5	8
2	8	1	6	5	7	4	9	3
6	4	5	2	9	3	8	1	7
7	9	3	8	4	1	5	2	6

No 153

4	8	9	6	7	3	5	2	1
2	7	5	4	8	1	6	3	9
3	1	6	9	5	2	8	7	4
5	9	1	7	3	6	2	4	8
8	4	2	5	1	9	3	6	7
7	6	3	2	4	8	1	9	5
9	5	8	3	2	4	7	1	6
6	2	7	1	9	5	4	8	3
1	3	4	8	6	7	9	5	2

No 154

4	7	8	6	5	2	1	3	9
9	3	5	7	1	8	6	2	4
1	6	2	3	9	4	7	5	8
7	8	1	4	6	3	5	9	2
6	5	9	2	8	1	3	4	7
3	2	4	9	7	5	8	6	1
2	4	6	1	3	7	9	8	5
5	9	7	8	2	6	4	1	3
8	1	3	5	4	9	2	7	6

No 155

6	1	5	7	4	8	2	3	9
2	8	4	9	5	3	6	1	7
3	7	9	2	1	6	5	8	4
1	2	6	3	9	4	8	7	5
7	4	8	6	2	5	3	9	1
9	5	3	8	7	1	4	2	6
4	3	7	1	6	2	9	5	8
8	6	1	5	3	9	7	4	2
5	9	2	4	8	7	1	6	3

No 156

3	5	2	8	9	6	1	7	4
4	1	6	7	2	5	8	9	3
9	8	7	3	1	4	2	6	5
2	6	3	4	8	1	7	5	9
5	4	8	9	3	7	6	2	1
1	7	9	5	6	2	3	4	8
6	3	4	2	5	8	9	1	7
7	9	1	6	4	3	5	8	2
8	2	5	1	7	9	4	3	6

Solutions

No 157

3	8	1	5	2	6	4	7	9
6	4	5	7	9	8	1	3	2
2	7	9	4	1	3	5	6	8
7	9	3	2	6	5	8	1	4
5	2	6	1	8	4	3	9	7
4	1	8	3	7	9	6	2	5
8	5	2	6	3	7	9	4	1
9	6	7	8	4	1	2	5	3
1	3	4	9	5	2	7	8	6

No 158

9	6	7	3	5	4	8	2	1
2	1	8	6	9	7	5	4	3
5	4	3	8	2	1	6	7	9
1	3	9	4	7	5	2	6	8
6	2	4	1	8	9	3	5	7
8	7	5	2	6	3	1	9	4
4	9	2	5	1	8	7	3	6
7	5	1	9	3	6	4	8	2
3	8	6	7	4	2	9	1	5

No 159

2	9	6	5	8	4	1	7	3
4	5	7	1	3	6	8	2	9
8	3	1	7	2	9	4	5	6
7	1	9	4	6	5	2	3	8
3	6	8	2	7	1	5	9	4
5	2	4	8	9	3	7	6	1
9	8	2	6	1	7	3	4	5
6	7	5	3	4	8	9	1	2
1	4	3	9	5	2	6	8	7

No 160

7	3	4	6	1	5	8	2	9
2	9	8	4	3	7	5	1	6
6	5	1	2	8	9	3	4	7
8	2	9	3	7	4	6	5	1
1	6	5	8	9	2	7	3	4
4	7	3	1	5	6	9	8	2
5	1	6	9	2	8	4	7	3
3	4	7	5	6	1	2	9	8
9	8	2	7	4	3	1	6	5

No 161

3	6	5	1	4	9	2	8	7
2	7	1	8	3	5	4	6	9
8	4	9	7	6	2	3	5	1
7	1	2	4	5	3	8	9	6
9	5	3	6	7	8	1	2	4
6	8	4	9	2	1	7	3	5
1	2	6	5	8	7	9	4	3
4	3	7	2	9	6	5	1	8
5	9	8	3	1	4	6	7	2

No 162

4	8	9	2	1	5	7	3	6
2	1	3	7	6	9	8	5	4
5	6	7	8	3	4	9	1	2
9	4	8	5	7	6	1	2	3
1	3	2	9	4	8	5	6	7
7	5	6	3	2	1	4	8	9
6	9	1	4	8	3	2	7	5
8	2	4	6	5	7	3	9	1
3	7	5	1	9	2	6	4	8

Solutions

No 163

8	2	9	1	3	6	7	4	5
4	7	1	5	2	8	3	9	6
5	6	3	7	4	9	2	1	8
2	1	4	6	9	3	5	8	7
6	8	7	4	5	1	9	3	2
3	9	5	8	7	2	1	6	4
7	3	6	2	1	4	8	5	9
9	5	8	3	6	7	4	2	1
1	4	2	9	8	5	6	7	3

No 164

8	9	5	6	4	1	3	7	2
4	1	6	7	2	3	9	5	8
2	3	7	5	8	9	1	6	4
9	6	8	4	1	7	5	2	3
1	7	4	2	3	5	6	8	9
3	5	2	8	9	6	7	4	1
6	4	9	1	7	2	8	3	5
7	2	1	3	5	8	4	9	6
5	8	3	9	6	4	2	1	7

No 165

1	2	3	7	6	8	4	9	5
5	9	6	4	2	1	8	3	7
4	8	7	3	5	9	2	6	1
2	1	4	6	7	3	5	8	9
6	7	9	8	1	5	3	4	2
3	5	8	9	4	2	7	1	6
7	6	1	2	8	4	9	5	3
8	3	2	5	9	6	1	7	4
9	4	5	1	3	7	6	2	8

No 166

6	4	1	3	2	7	5	8	9
7	2	9	6	5	8	3	4	1
3	8	5	1	9	4	2	6	7
2	3	7	9	4	6	8	1	5
5	1	8	7	3	2	6	9	4
4	9	6	8	1	5	7	3	2
8	6	4	2	7	9	1	5	3
9	7	3	5	8	1	4	2	6
1	5	2	4	6	3	9	7	8

No 167

3	2	1	8	9	6	7	5	4
5	7	8	4	3	2	9	1	6
9	4	6	1	5	7	8	3	2
1	5	7	2	8	9	6	4	3
2	8	4	5	6	3	1	7	9
6	9	3	7	1	4	5	2	8
8	1	2	9	4	5	3	6	7
4	6	9	3	7	1	2	8	5
7	3	5	6	2	8	4	9	1

No 168

9	7	3	1	8	6	5	4	2
5	6	4	7	9	2	1	8	3
2	1	8	5	4	3	6	9	7
4	2	1	6	3	5	9	7	8
3	9	5	8	7	4	2	1	6
7	8	6	9	2	1	4	3	5
8	5	7	4	6	9	3	2	1
6	3	9	2	1	7	8	5	4
1	4	2	3	5	8	7	6	9

Solutions

No 169

7	4	3	6	1	2	9	5	8
9	1	6	5	8	7	4	2	3
5	8	2	3	4	9	1	6	7
3	9	4	8	7	6	2	1	5
2	6	7	1	5	4	3	8	9
1	5	8	2	9	3	6	7	4
6	7	9	4	2	8	5	3	1
4	3	1	7	6	5	8	9	2
8	2	5	9	3	1	7	4	6

No 170

9	6	7	4	8	1	5	2	3
2	3	5	9	6	7	1	8	4
1	8	4	2	5	3	7	6	9
5	2	3	1	7	8	4	9	6
6	4	8	5	9	2	3	7	1
7	9	1	3	4	6	2	5	8
8	1	9	7	2	4	6	3	5
3	7	6	8	1	5	9	4	2
4	5	2	6	3	9	8	1	7

No 171

1	3	4	6	2	9	7	8	5
6	2	5	8	7	4	1	9	3
9	8	7	3	5	1	2	4	6
4	6	2	7	9	3	5	1	8
7	1	9	2	8	5	3	6	4
8	5	3	1	4	6	9	2	7
5	9	8	4	3	2	6	7	1
2	7	1	5	6	8	4	3	9
3	4	6	9	1	7	8	5	2

No 172

5	7	8	9	1	4	3	6	2
9	1	6	8	3	2	4	5	7
4	2	3	6	5	7	8	1	9
1	6	5	2	8	9	7	4	3
3	4	2	5	7	6	1	9	8
8	9	7	1	4	3	6	2	5
2	3	9	7	6	1	5	8	4
6	8	4	3	9	5	2	7	1
7	5	1	4	2	8	9	3	6

No 173

2	3	1	4	8	5	9	7	6
8	9	5	6	2	7	4	3	1
4	6	7	9	1	3	5	2	8
1	4	3	7	9	8	6	5	2
9	8	6	2	5	1	3	4	7
7	5	2	3	4	6	1	8	9
3	7	4	8	6	9	2	1	5
5	2	9	1	7	4	8	6	3
6	1	8	5	3	2	7	9	4

No 174

7	8	4	3	5	9	6	1	2
9	5	6	2	1	7	4	3	8
2	3	1	4	6	8	9	7	5
6	9	3	5	7	2	8	4	1
1	2	7	8	4	3	5	9	6
8	4	5	6	9	1	7	2	3
3	6	8	9	2	4	1	5	7
5	1	9	7	3	6	2	8	4
4	7	2	1	8	5	3	6	9

Solutions

No 175

6	3	9	7	1	4	8	2	5
7	2	1	5	8	6	9	3	4
4	5	8	3	9	2	7	6	1
9	1	3	8	4	7	6	5	2
8	6	2	1	3	5	4	9	7
5	7	4	6	2	9	3	1	8
1	8	5	4	6	3	2	7	9
3	9	7	2	5	8	1	4	6
2	4	6	9	7	1	5	8	3

No 176

7	1	9	8	4	6	5	2	3
2	8	5	3	1	7	4	6	9
3	4	6	5	9	2	1	7	8
4	5	7	2	6	9	8	3	1
6	3	1	7	8	4	2	9	5
9	2	8	1	3	5	7	4	6
5	9	2	6	7	1	3	8	4
1	6	3	4	2	8	9	5	7
8	7	4	9	5	3	6	1	2

No 177

6	7	2	3	1	9	4	5	8
5	1	3	4	8	6	9	7	2
8	4	9	5	2	7	3	1	6
9	5	6	1	7	8	2	4	3
2	3	7	9	6	4	5	8	1
1	8	4	2	3	5	6	9	7
3	2	5	7	9	1	8	6	4
7	9	8	6	4	2	1	3	5
4	6	1	8	5	3	7	2	9

No 178

2	8	3	7	5	9	6	1	4
5	4	1	6	3	2	8	7	9
9	7	6	1	8	4	2	5	3
3	9	5	2	6	7	4	8	1
4	6	7	9	1	8	3	2	5
1	2	8	3	4	5	9	6	7
8	3	9	5	2	1	7	4	6
7	1	4	8	9	6	5	3	2
6	5	2	4	7	3	1	9	8

No 179

6	5	8	9	4	2	3	7	1
7	1	2	6	3	8	4	9	5
3	9	4	7	5	1	2	6	8
5	4	1	2	7	9	6	8	3
9	2	6	1	8	3	7	5	4
8	7	3	4	6	5	9	1	2
1	6	7	5	2	4	8	3	9
2	3	9	8	1	7	5	4	6
4	8	5	3	9	6	1	2	7

No 180

4	2	1	3	6	8	7	9	5
9	3	7	5	2	4	8	1	6
6	5	8	9	1	7	4	3	2
3	6	5	1	8	9	2	4	7
1	4	2	7	3	5	9	6	8
7	8	9	2	4	6	1	5	3
8	9	3	4	5	2	6	7	1
5	7	6	8	9	1	3	2	4
2	1	4	6	7	3	5	8	9

Solutions

No 181

5	8	3	2	6	4	9	7	1
4	6	1	7	9	8	3	5	2
9	7	2	5	3	1	4	8	6
2	3	8	9	4	7	1	6	5
7	5	4	1	8	6	2	9	3
1	9	6	3	2	5	8	4	7
6	1	9	8	7	2	5	3	4
8	2	7	4	5	3	6	1	9
3	4	5	6	1	9	7	2	8

No 182

1	7	9	4	8	3	6	5	2
4	5	3	9	2	6	1	8	7
6	8	2	1	7	5	9	3	4
2	3	5	7	1	4	8	6	9
8	9	4	5	6	2	3	7	1
7	6	1	3	9	8	2	4	5
3	2	7	8	4	9	5	1	6
9	1	8	6	5	7	4	2	3
5	4	6	2	3	1	7	9	8

No 183

2	9	7	5	3	6	4	1	8
8	5	6	4	2	1	9	3	7
1	4	3	8	9	7	5	2	6
3	1	9	7	6	2	8	5	4
5	6	8	1	4	3	7	9	2
4	7	2	9	8	5	1	6	3
7	3	5	6	1	4	2	8	9
9	2	4	3	5	8	6	7	1
6	8	1	2	7	9	3	4	5

No 184

5	4	2	3	6	8	1	7	9
8	3	1	9	4	7	6	5	2
6	9	7	2	5	1	4	3	8
4	6	5	1	3	2	8	9	7
2	8	9	6	7	5	3	1	4
7	1	3	4	8	9	2	6	5
1	2	4	7	9	3	5	8	6
3	7	8	5	2	6	9	4	1
9	5	6	8	1	4	7	2	3

No 185

8	9	5	1	7	3	2	6	4
4	2	1	8	6	9	3	5	7
6	3	7	2	5	4	9	8	1
7	1	2	6	8	5	4	9	3
9	5	8	3	4	1	6	7	2
3	6	4	7	9	2	8	1	5
5	7	6	4	3	8	1	2	9
2	4	9	5	1	6	7	3	8
1	8	3	9	2	7	5	4	6

No 186

1	7	4	9	2	5	8	6	3
6	5	3	1	7	8	4	9	2
8	9	2	3	6	4	1	5	7
2	6	5	4	3	1	7	8	9
4	1	7	2	8	9	5	3	6
3	8	9	7	5	6	2	4	1
5	3	8	6	1	2	9	7	4
7	4	1	8	9	3	6	2	5
9	2	6	5	4	7	3	1	8

Solutions

No 187

6	9	1	8	4	2	7	3	5
8	2	5	1	7	3	6	4	9
4	3	7	6	5	9	1	8	2
5	6	9	3	2	1	8	7	4
7	4	2	5	6	8	9	1	3
1	8	3	4	9	7	5	2	6
9	7	4	2	8	6	3	5	1
2	1	8	9	3	5	4	6	7
3	5	6	7	1	4	2	9	8

No 188

7	1	5	2	6	9	8	4	3
8	2	3	4	7	1	6	9	5
6	4	9	5	8	3	2	7	1
1	8	7	9	2	5	3	6	4
3	5	4	6	1	8	9	2	7
2	9	6	3	4	7	5	1	8
5	7	1	8	9	2	4	3	6
9	6	8	1	3	4	7	5	2
4	3	2	7	5	6	1	8	9

No 189

6	1	7	2	4	3	5	8	9
8	2	5	6	7	9	3	4	1
3	9	4	5	8	1	7	6	2
9	6	2	8	5	7	4	1	3
5	7	3	1	2	4	8	9	6
1	4	8	9	3	6	2	5	7
7	3	6	4	1	8	9	2	5
2	8	1	7	9	5	6	3	4
4	5	9	3	6	2	1	7	8

No 190

9	1	3	7	8	2	6	5	4
8	4	6	1	3	5	7	9	2
2	7	5	4	9	6	8	3	1
7	5	8	9	1	3	2	4	6
4	9	1	2	6	8	3	7	5
3	6	2	5	4	7	9	1	8
1	2	4	6	7	9	5	8	3
5	8	9	3	2	1	4	6	7
6	3	7	8	5	4	1	2	9

No 191

9	8	6	4	2	5	7	1	3
1	4	3	6	7	9	5	8	2
5	7	2	8	3	1	6	9	4
8	3	4	9	5	7	1	2	6
7	6	9	1	4	2	3	5	8
2	5	1	3	8	6	4	7	9
6	1	7	2	9	4	8	3	5
4	2	8	5	1	3	9	6	7
3	9	5	7	6	8	2	4	1

No 192

9	3	2	8	4	1	7	5	6
5	6	1	3	2	7	8	4	9
8	7	4	6	5	9	3	2	1
4	9	3	7	1	8	5	6	2
1	5	8	2	6	4	9	3	7
6	2	7	5	9	3	4	1	8
7	1	5	9	3	6	2	8	4
3	4	9	1	8	2	6	7	5
2	8	6	4	7	5	1	9	3

Solutions

No 193

5	7	9	3	1	2	4	8	6
2	8	4	5	7	6	9	1	3
1	3	6	4	8	9	5	7	2
9	6	5	7	2	3	1	4	8
3	2	8	1	4	5	6	9	7
7	4	1	6	9	8	3	2	5
8	9	3	2	6	4	7	5	1
6	1	2	9	5	7	8	3	4
4	5	7	8	3	1	2	6	9

No 194

8	2	6	7	4	3	5	1	9
1	7	3	5	9	6	4	2	8
5	4	9	8	1	2	6	3	7
3	5	4	1	7	9	8	6	2
7	6	2	4	3	8	9	5	1
9	8	1	2	6	5	7	4	3
6	1	5	9	2	7	3	8	4
2	3	7	6	8	4	1	9	5
4	9	8	3	5	1	2	7	6

No 195

9	4	8	5	6	2	7	1	3
3	2	6	1	8	7	4	9	5
1	5	7	9	3	4	6	8	2
4	9	2	6	7	3	1	5	8
5	8	3	4	1	9	2	7	6
6	7	1	2	5	8	9	3	4
7	6	5	8	2	1	3	4	9
8	1	4	3	9	6	5	2	7
2	3	9	7	4	5	8	6	1

No 196

3	8	6	4	2	7	5	1	9
1	7	2	9	5	6	3	8	4
4	5	9	3	8	1	2	6	7
6	1	8	2	7	9	4	3	5
7	2	5	6	4	3	1	9	8
9	4	3	8	1	5	6	7	2
8	6	7	5	3	2	9	4	1
5	9	4	1	6	8	7	2	3
2	3	1	7	9	4	8	5	6

No 197

1	4	8	3	9	2	5	6	7
2	9	7	8	6	5	4	3	1
5	3	6	4	1	7	9	8	2
3	1	5	7	4	8	6	2	9
6	7	9	2	5	1	3	4	8
4	8	2	6	3	9	7	1	5
8	6	1	9	7	4	2	5	3
7	2	4	5	8	3	1	9	6
9	5	3	1	2	6	8	7	4

No 198

1	2	7	6	8	5	3	9	4
3	9	4	1	7	2	6	5	8
5	6	8	9	4	3	2	1	7
9	7	5	3	6	4	8	2	1
8	3	2	5	9	1	7	4	6
4	1	6	8	2	7	5	3	9
6	5	3	7	1	9	4	8	2
2	8	1	4	3	6	9	7	5
7	4	9	2	5	8	1	6	3

Solutions

No 199

7	1	9	3	8	6	5	4	2
2	8	6	5	4	7	9	3	1
3	4	5	2	1	9	8	7	6
6	2	3	8	9	5	4	1	7
5	7	1	4	2	3	6	9	8
4	9	8	6	7	1	3	2	5
9	5	4	7	6	2	1	8	3
8	3	7	1	5	4	2	6	9
1	6	2	9	3	8	7	5	4

No 200

9	7	4	6	5	8	2	1	3
8	2	3	1	4	7	9	6	5
1	5	6	9	2	3	8	4	7
6	3	2	4	9	5	7	8	1
7	1	5	3	8	2	6	9	4
4	8	9	7	1	6	3	5	2
2	6	8	5	7	1	4	3	9
3	4	1	2	6	9	5	7	8
5	9	7	8	3	4	1	2	6

No 201

4	7	1	2	6	5	8	3	9
9	5	3	8	7	1	6	2	4
8	2	6	4	9	3	7	1	5
7	6	8	3	4	2	5	9	1
3	9	5	7	1	8	2	4	6
1	4	2	6	5	9	3	7	8
5	8	4	9	2	7	1	6	3
2	3	9	1	8	6	4	5	7
6	1	7	5	3	4	9	8	2

No 202

8	1	6	3	4	5	9	2	7
9	5	7	8	2	6	3	4	1
4	2	3	7	9	1	6	5	8
5	8	4	6	1	7	2	9	3
7	6	9	2	5	3	8	1	4
1	3	2	4	8	9	7	6	5
6	4	1	9	7	8	5	3	2
3	7	5	1	6	2	4	8	9
2	9	8	5	3	4	1	7	6

No 203

3	9	7	4	5	2	8	6	1
8	5	4	1	6	3	2	7	9
1	6	2	7	8	9	5	4	3
4	2	3	6	9	7	1	5	8
9	7	8	5	4	1	6	3	2
6	1	5	2	3	8	7	9	4
7	4	1	3	2	5	9	8	6
2	3	9	8	7	6	4	1	5
5	8	6	9	1	4	3	2	7

No 204

4	3	5	6	1	9	2	8	7
2	1	6	4	7	8	9	3	5
9	7	8	3	5	2	4	1	6
6	4	9	5	3	1	8	7	2
1	8	3	2	4	7	6	5	9
7	5	2	9	8	6	1	4	3
8	6	1	7	2	5	3	9	4
3	9	7	8	6	4	5	2	1
5	2	4	1	9	3	7	6	8

Solutions

No 205

9	4	5	8	6	1	3	7	2
3	2	1	4	9	7	8	5	6
8	7	6	3	5	2	1	4	9
2	8	3	1	7	5	6	9	4
7	1	9	6	8	4	5	2	3
6	5	4	9	2	3	7	8	1
5	9	2	7	1	6	4	3	8
4	6	8	5	3	9	2	1	7
1	3	7	2	4	8	9	6	5

No 206

6	2	5	7	3	8	1	9	4
8	9	7	4	2	1	6	5	3
1	4	3	5	6	9	8	7	2
5	1	2	8	9	6	4	3	7
7	8	9	3	1	4	5	2	6
4	3	6	2	7	5	9	1	8
3	5	8	1	4	7	2	6	9
2	6	1	9	8	3	7	4	5
9	7	4	6	5	2	3	8	1

No 207

6	8	4	9	3	5	2	1	7
2	1	5	7	4	6	9	3	8
3	7	9	2	1	8	5	6	4
8	4	3	1	7	2	6	5	9
9	6	2	8	5	4	3	7	1
7	5	1	3	6	9	4	8	2
4	3	8	5	9	7	1	2	6
1	2	6	4	8	3	7	9	5
5	9	7	6	2	1	8	4	3

No 208

7	8	3	6	4	1	9	2	5
5	6	4	8	2	9	7	3	1
2	1	9	5	3	7	6	8	4
9	5	2	3	1	8	4	6	7
6	3	8	9	7	4	5	1	2
1	4	7	2	5	6	3	9	8
4	9	1	7	6	2	8	5	3
3	2	6	4	8	5	1	7	9
8	7	5	1	9	3	2	4	6

No 209

5	8	4	7	1	2	9	6	3
2	3	7	4	9	6	1	5	8
1	6	9	8	3	5	4	2	7
7	5	1	3	2	9	6	8	4
6	4	2	1	7	8	5	3	9
3	9	8	6	5	4	2	7	1
8	2	5	9	4	3	7	1	6
9	7	3	2	6	1	8	4	5
4	1	6	5	8	7	3	9	2

No 210

9	7	4	2	8	3	6	5	1
8	2	6	1	5	4	7	9	3
1	3	5	6	9	7	8	2	4
6	5	7	9	4	1	3	8	2
4	9	1	3	2	8	5	6	7
3	8	2	5	7	6	4	1	9
7	1	8	4	6	9	2	3	5
2	6	3	7	1	5	9	4	8
5	4	9	8	3	2	1	7	6

Solutions

No 211

4	2	8	1	3	5	7	6	9
3	1	6	7	4	9	8	2	5
5	9	7	8	2	6	4	3	1
8	5	3	4	1	7	6	9	2
7	4	2	9	6	3	5	1	8
9	6	1	2	5	8	3	7	4
6	8	9	5	7	2	1	4	3
1	7	5	3	9	4	2	8	6
2	3	4	6	8	1	9	5	7

No 212

6	3	1	5	7	4	8	9	2
9	8	5	2	3	6	7	1	4
2	4	7	8	9	1	3	5	6
3	5	9	4	1	7	2	6	8
4	6	8	9	2	5	1	7	3
7	1	2	6	8	3	5	4	9
8	7	4	3	5	9	6	2	1
1	2	6	7	4	8	9	3	5
5	9	3	1	6	2	4	8	7

No 213

1	8	5	2	3	6	7	4	9
9	7	6	5	4	1	8	3	2
3	4	2	7	8	9	1	6	5
5	2	7	9	6	8	3	1	4
8	9	3	4	1	5	2	7	6
4	6	1	3	2	7	9	5	8
6	3	4	8	7	2	5	9	1
2	1	9	6	5	3	4	8	7
7	5	8	1	9	4	6	2	3

No 214

5	9	6	1	8	3	2	7	4
3	2	7	4	6	9	5	1	8
4	8	1	2	5	7	9	3	6
9	7	3	6	4	5	8	2	1
6	1	2	3	9	8	7	4	5
8	4	5	7	1	2	6	9	3
2	6	9	8	3	4	1	5	7
7	3	8	5	2	1	4	6	9
1	5	4	9	7	6	3	8	2

No 215

3	2	6	8	4	9	7	1	5
5	9	4	7	1	2	3	6	8
1	8	7	3	6	5	9	2	4
8	4	3	9	5	1	6	7	2
9	6	2	4	3	7	5	8	1
7	5	1	2	8	6	4	9	3
4	7	8	1	9	3	2	5	6
6	1	9	5	2	4	8	3	7
2	3	5	6	7	8	1	4	9

No 216

9	6	2	4	8	5	3	1	7
7	3	5	1	9	6	4	8	2
4	1	8	2	7	3	9	6	5
2	8	3	6	4	9	5	7	1
5	9	7	8	1	2	6	3	4
1	4	6	3	5	7	2	9	8
3	7	4	5	6	1	8	2	9
8	2	9	7	3	4	1	5	6
6	5	1	9	2	8	7	4	3

Solutions

No 217

7	4	2	3	9	8	6	1	5
9	6	1	4	2	5	8	3	7
3	5	8	6	7	1	4	9	2
5	1	7	2	4	3	9	8	6
8	2	9	7	1	6	5	4	3
4	3	6	8	5	9	7	2	1
1	8	4	5	6	2	3	7	9
6	9	3	1	8	7	2	5	4
2	7	5	9	3	4	1	6	8

No 218

6	3	8	5	2	4	7	9	1
7	2	4	9	8	1	5	6	3
1	5	9	3	6	7	4	8	2
5	4	7	2	3	8	9	1	6
3	9	1	4	7	6	8	2	5
2	8	6	1	5	9	3	7	4
9	1	2	7	4	5	6	3	8
8	7	5	6	1	3	2	4	9
4	6	3	8	9	2	1	5	7

No 219

1	6	3	9	7	4	8	2	5
9	7	2	8	5	3	1	6	4
8	5	4	2	1	6	7	3	9
7	1	8	6	2	5	4	9	3
2	4	6	1	3	9	5	8	7
5	3	9	4	8	7	2	1	6
3	9	1	7	4	2	6	5	8
6	2	7	5	9	8	3	4	1
4	8	5	3	6	1	9	7	2

No 220

8	1	7	3	4	9	6	2	5
5	2	4	6	1	7	9	3	8
9	6	3	8	2	5	1	7	4
4	5	8	1	7	3	2	9	6
3	9	6	2	5	8	7	4	1
1	7	2	4	9	6	5	8	3
7	3	1	9	6	4	8	5	2
2	8	5	7	3	1	4	6	9
6	4	9	5	8	2	3	1	7

No 221

2	9	3	6	7	8	4	1	5
7	1	8	2	4	5	3	6	9
4	6	5	1	3	9	2	7	8
6	8	7	4	1	2	9	5	3
9	4	2	5	6	3	1	8	7
5	3	1	8	9	7	6	2	4
1	7	9	3	5	6	8	4	2
3	2	6	7	8	4	5	9	1
8	5	4	9	2	1	7	3	6

No 222

2	9	4	1	3	8	6	7	5
1	8	6	7	9	5	4	3	2
3	5	7	6	4	2	9	1	8
4	3	1	2	8	6	5	9	7
6	2	5	9	7	1	8	4	3
8	7	9	3	5	4	2	6	1
7	4	3	5	2	9	1	8	6
9	6	2	8	1	7	3	5	4
5	1	8	4	6	3	7	2	9

Solutions

No 223

5	7	2	4	6	3	8	1	9
4	3	9	2	1	8	7	5	6
8	6	1	5	9	7	4	3	2
9	5	4	8	3	6	2	7	1
1	2	3	9	7	5	6	4	8
6	8	7	1	4	2	3	9	5
2	1	6	3	5	4	9	8	7
7	4	5	6	8	9	1	2	3
3	9	8	7	2	1	5	6	4

No 224

2	9	1	7	4	5	6	3	8
5	7	8	6	3	1	9	2	4
6	4	3	9	8	2	5	7	1
8	2	5	4	7	6	1	9	3
3	1	7	2	9	8	4	5	6
4	6	9	1	5	3	7	8	2
1	3	4	5	2	7	8	6	9
9	5	2	8	6	4	3	1	7
7	8	6	3	1	9	2	4	5

No 225

4	3	6	5	9	1	2	8	7
9	8	2	7	6	3	1	5	4
5	1	7	2	8	4	3	6	9
6	7	8	1	3	2	4	9	5
2	5	1	6	4	9	7	3	8
3	9	4	8	5	7	6	1	2
7	2	3	9	1	5	8	4	6
1	6	9	4	2	8	5	7	3
8	4	5	3	7	6	9	2	1

No 226

5	3	8	4	1	6	7	9	2
6	7	2	9	8	3	5	4	1
1	9	4	7	5	2	3	8	6
9	4	1	6	7	5	8	2	3
7	2	5	8	3	9	6	1	4
8	6	3	2	4	1	9	5	7
2	5	6	3	9	4	1	7	8
4	1	7	5	6	8	2	3	9
3	8	9	1	2	7	4	6	5

No 227

6	3	7	8	9	2	1	4	5
9	4	8	5	7	1	6	3	2
1	5	2	6	4	3	9	7	8
4	1	5	9	2	7	8	6	3
2	6	3	1	8	4	7	5	9
7	8	9	3	5	6	2	1	4
5	9	6	7	3	8	4	2	1
3	2	1	4	6	9	5	8	7
8	7	4	2	1	5	3	9	6

No 228

9	7	6	5	3	4	8	1	2
5	4	2	8	6	1	9	3	7
1	8	3	2	7	9	5	4	6
2	1	7	9	4	3	6	8	5
3	5	9	6	1	8	7	2	4
4	6	8	7	5	2	3	9	1
7	2	4	3	9	6	1	5	8
6	9	1	4	8	5	2	7	3
8	3	5	1	2	7	4	6	9

Solutions

No 229

6	4	9	7	5	8	1	3	2
2	7	5	1	6	3	9	4	8
3	1	8	2	4	9	7	5	6
7	6	2	8	3	4	5	1	9
9	3	1	6	2	5	8	7	4
5	8	4	9	7	1	2	6	3
8	9	7	3	1	6	4	2	5
4	2	3	5	8	7	6	9	1
1	5	6	4	9	2	3	8	7

No 230

8	6	7	5	9	1	4	2	3
9	3	1	7	2	4	6	8	5
2	5	4	8	6	3	7	1	9
7	4	8	1	3	9	2	5	6
3	9	2	6	7	5	1	4	8
5	1	6	4	8	2	9	3	7
4	7	3	2	5	6	8	9	1
6	2	5	9	1	8	3	7	4
1	8	9	3	4	7	5	6	2

No 231

7	6	9	8	3	2	1	5	4
5	4	1	9	6	7	8	3	2
8	3	2	4	1	5	9	6	7
1	5	4	3	9	8	2	7	6
6	2	3	5	7	1	4	9	8
9	7	8	6	2	4	5	1	3
3	8	7	2	5	9	6	4	1
4	9	6	1	8	3	7	2	5
2	1	5	7	4	6	3	8	9

No 232

9	1	5	7	3	2	6	4	8
3	2	4	8	1	6	9	7	5
7	8	6	9	5	4	3	2	1
1	5	3	6	7	8	2	9	4
8	6	9	2	4	5	7	1	3
2	4	7	3	9	1	5	8	6
6	3	8	4	2	7	1	5	9
4	7	1	5	6	9	8	3	2
5	9	2	1	8	3	4	6	7